RECHTSVERGLEICHENDE ABHANDLUNGEN

HERAUSGEGEBEN VON HEINRICH TITZE UND MARTIN WOLFF

II

DIE AUSSERVERTRAGLICHE HAFTUNG VON GROSSBETRIEBEN FÜR ANGESTELLTE

EINE RECHTSVERGLEICHENDE UNTERSUCHUNG

VON

DR. JUR. HANS WERNER WEIGERT

Springer-Verlag Berlin Heidelberg GmbH 1925

ISBN 978-3-662-34361-6 ISBN 978-3-662-34632-7 (eBook)
DOI 10.1007/978-3-662-34632-7

Inhaltsverzeichnis.

§ 1. Die Haftung von Großbetrieben aus § 831 BGB. in der Rechtsprechung.

§ 831 Absatz 1 BGB. lautet:

„Wer einen Anderen zu einer Verrichtung bestellt, ist zum Ersatze des Schadens verpflichtet, den der Andere in Ausführung der Verrichtung einem Dritten widerrechtlich zufügt. Die Ersatzpflicht tritt nicht ein, wenn der Geschäftsherr bei der Auswahl der bestellten Person und, sofern er Vorrichtungen oder Gerätschaften zu beschaffen oder die Ausführung der Verrichtung zu leiten hat, bei der Beschaffung oder der Leitung die im Verkehr erforderliche Sorgfalt beobachtet oder wenn der Schaden auch bei Anwendung dieser Sorgfalt entstanden sein würde."

Wer die zum täglichen Brot des praktischen Juristen gehörende Bestimmung unbefangen liest, vermag eine Berechtigung des gestellten Themas in dem Sinne, daß bei der Haftung von Großbetrieben aus § 831 besondere Grundsätze gelten könnten, nicht zu erkennen. Der Geschäftsherr soll für schädigende Handlungen der von ihm bestellten Personen haften. Er kann sich dieser Haftung nur entziehen, wenn er den ihm in Absatz 1 Satz 2 nachgelassenen Beweis zu führen imstande ist. Ganz allgemein gesprochen ist dieser Entlastungsbeweis dahin zu verstehen, daß der Geschäftsherr den Nachweis zu erbringen hat, daß er bei der Auswahl des Bestellten zu der schadenstiftenden Verrichtung (und eventuell bei der Beschaffung von Verrichtungen oder Gerätschaften oder bei der Leitung der Ausführung der Verrichtungen) die „erforderliche" Sorgfalt beobachtet habe. Eine besondere Regelung für den Fall, daß der Geschäftsherr den Schadenstifter nicht persönlich ausgewählt hat, ist im Gesetz nicht getroffen; es gilt infolgedessen hier ebenfalls, jedenfalls soweit man dem Wortlaut des Gesetzes folgt: Der Geschäftsherr muß beweisen, daß bei der Auswahl die erforderliche Sorgfalt beobachtet worden ist.

Und doch liegt gerade in der Frage des Entlastungsbeweises der Trennungspunkt, in dem die Behandlung der Haftung größerer Betriebe von der des Einzelnen und des kleinen, handwerksmäßigen Betriebes sich grundsätzlich scheidet, obwohl, wie gesagt, der Wortlaut des Gesetzes dazu keinerlei Veranlassung bietet, eine unterschiedliche Behandlung vielmehr geradezu ausschließt.

Die Rechtsprechung hat den vom Geschäftsherrn zu erbringenden Entlastungsbeweis in allen Fällen, in denen es sich um Betriebe größeren Umfangs handelt, umgestaltet. Diese Umgestaltung ist so grundlegend, daß man, wie im einzelnen nachzuweisen sein wird, bei der gegenwärtigen Einstellung des Reichsgerichts und der unteren Gerichte kaum noch von einer einheitlichen außervertraglichen Haftung des Geschäftsherrn für schädigende Handlungen von Personen, die von ihm zu einer Verrichtung bestellt sind, sprechen kann. Es wird Aufgabe dieser Untersuchung sein, den Stand der Rechtsprechung und seine Ursachen zu entwickeln und zu prüfen, ob sie dem Sinn des Gesetzes entspricht und den Erfordernissen des Verkehrs und dem Rechtsempfinden gerecht wird. Um dies zu entscheiden, werden auch die wichtigsten Quellen des ausländischen Rechts heranzuziehen sein.

Wenn man die zur Frage des Entlastungsbeweises bei Großbetrieben ergangenen Entscheidungen überblickt, so fällt zunächst ihre völlige Geschlossenheit auf. Das Thema wird einmal, in dem Erkenntnis Bd. 78, S. 107ff., grundsätzlich behandelt. Alle übrigen zu dieser Frage ergangenen Entscheidungen stellen ohne ausführlichere Begründung lediglich das Ergebnis fest; soweit es sich um nach 1912 gefällte Urteile handelt, meist unter ausdrücklichem Hinweis auf die E. Bd. 78, S. 107ff. Die Erklärung ist zum Teil in der Tatsache zu erblicken, daß sämtliche Entscheidungen von dem jetzt aufgelösten VI. Senat[1]) getroffen worden sind, zu dessen Zuständigkeit die Rechtsstreitigkeiten aus unerlaubten Handlungen gehörten.

Der Entscheidung Bd. 78, S. 107 lag folgender Tatbestand zugrunde: Der Kläger wurde beim Verlassen eines Wagens der Straßenbahn von einem der verklagten Gesellschaft gehörigen, von dem Kutscher K. geleiteten Omnibus überfahren und erlitt Verletzungen, für deren Schadensfolgen er die Gesellschaft verantwortlich machte. Das Kammergericht hatte ausgeführt, daß der Kutscher, obwohl er nicht durch den Vorstand der Beklagten, sondern wiederum erst durch einen von diesem bestellten Betriebsbeamten ausgewählt und in den Betrieb eingestellt worden war, dennoch Angestellter der Beklagten gewesen sei, und daß deshalb auch von der Beklagten der Entlastungsbeweis des § 831 auf seine Person, nicht lediglich auf die jenes Betriebsbeamten gerichtet werden müsse. Mit dieser Ansicht setzt das RG. sich grundsätzlich auseinander und behandelt in diesem Zusammenhang auch die Verpflichtung des Geschäftsherrn, allgemeine Aufsichtsanordnungen zu treffen, ein Punkt, der seitdem in der Rechtsprechung des RG. eine große Rolle spielt, zunächst aber bei der Betrachtung ausscheiden soll.

Das RG. stellt an den Beginn seiner Ausführungen in einer Kritik des Kammergerichts den recht allgemein gehaltenen Satz: es sei „recht-

[1]) Vgl. RG. 108, S. 60.

lich nicht durchaus zutreffend", daß deshalb, weil der Kutscher K. als Angestellter der Beklagten zu gelten habe, auch der Entlastungsbeweis auf seine Person sich beziehen müsse. Es führt dann weiter aus: Die Bestimmung des § 831 setzt nicht eine Haftung für fremdes Verschulden, sondern eine solche für ein eigenes Verschulden des Haftpflichtigen fest, das jedoch vermutet wird und von ihm zu widerlegen ist. Wenn ein Angestellter bei Ausführung der ihm aufgetragenen Verrichtung einem Dritten widerrechtlich einen Schaden zugefügt hat, so soll sein Geschäftsherr für den Schaden aufkommen, weil er, wie zunächst vom Gesetze vermutet wird, in der Auswahl des Angestellten, in der Beschaffung der etwa erforderlichen Gerätschaften oder in der etwa erforderlichen Leitung der ihm aufgetragenen Verrichtungen die im Verkehr erforderliche Sorgfalt vernachlässigt hat. Zur Haftung des Geschäftsherrn aus § 831 gehört es mithin, daß ein Verschulden nach den bezeichneten Richtungen denkbar ist. Wenn — was selbstverständlich im Sinne des § 831 ebenfalls vom Geschäftsherrn nachzuweisen ist — der Umfang eines großen industriellen Betriebes oder einer sonstigen großen Verwaltung oder wenn andere persönliche Hindernisse dem Geschäftsherrn selbst die Auswahltätigkeit hinsichtlich der niederen Angestellten unmöglich machen und diese einem Angestellten höherer Ordnung übertragen werden muß, dann hat sich insoweit der Entlastungsbeweis auf diese letztere Person zu richten (vgl. Urteil des erkennenden Senats vom 6. März 1911, Rep. VI. 435/10). Es wird dann weiter ausgeführt, daß, wenn die Einstellung des Angestellten in den Dienst des Geschäftsherrn und die schadenbringende Verrichtung zeitlich auseinander fallen, neben dem Nachweis einer sorgfältigen Auswahl des Bestellten unter Umständen der Beweis einer fortdauernden wachsamen Aufsicht über den Angestellten während seiner Dienstzeit geführt werden müsse[1]). Aber auch diese praktische Aufsichtstätigkeit könne, ebenso wie die Auswahl des Betriebspersonals bei der Anstellung, bei einem großen Betriebe oder sonstiger Verhinderung des Geschäftsherrn einem höheren Angestellten übertragen werden müssen; es gelte dann hinsichtlich des Entlastungsbeweises das über die Auswahl bei der Einstellung Ausgeführte.

Die übrigen, das gleiche Thema behandelnden Entscheidungen beschränken sich, wie bereits erwähnt, gewöhnlich auf die Feststellung des hier gewonnenen Ergebnisses. So heißt es in den Entscheidungen Warn. 08, Nr. 475 und JW. 06, S. 547[13], das RG. „ginge davon aus", daß, wenn die Anstellung und Auswahl der zu einer Verrichtung zu bestellenden Arbeiter nach den getroffenen Betriebsanordnungen höheren Angestellten oblag, die selbst wiederum nicht Vertreter der

[1]) Vgl. hierüber unten!

juristischen Person nach §§ 30, 31 BGB. waren, der Entlastungsbeweis für die Sorgfalt der Auswahl nach § 831 auf die Person der höheren Angestellten sich zu richten habe (ebenso RG. Warn. Erg.-Bd. 13, Nr. 364). In den Entscheidungen Recht 1910, Nr. 3498, JW. 13, 919, Leipz. Zeitschr. 14, 1718, Recht 17, Nr. 623, JW. 15, 395, Recht 20, Nr. 1517 wird allgemein ausgesprochen, daß der Geschäftsherr seiner Entlastungsobliegenheit bereits durch den Nachweis genüge, daß er bei der Anstellung des Betriebsleiters, des höheren Angestellten, die erforderliche Sorgfalt beobachtet habe. Mit besonderer Klarheit kommt endlich der vom Reichsgericht eingenommene Standpunkt und seine innere Begründung in der E. JW. 14, S. 759b zum Ausdruck: Die Einrichtung des in § 831 nachgelassenen Entlastungsbeweises soll sich nach den Einzelheiten des Falles richten und darf nicht dazu führen, an die Sorgfalt des Geschäftsherrn Anforderungen zu stellen, die praktisch nicht erfüllbar erscheinen. Der erkennende Senat hat in ständiger Rechtsprechung angenommen, daß, wenn der Umfang einer großen Verwaltung oder wenn andere persönliche Hindernisse dem Geschäftsherrn die Auswahltätigkeit hinsichtlich der anderen Angestellten unmöglich machen und diese einem höheren Angestellten übertragen werden muß, der Entlastungsbeweis bezüglich dieser letzteren Person zu führen ist" (RG. 78, 108; der Hinweis auf diese Entscheidung kehrt in fast jeder späteren wieder).

Bei den Oberlandesgerichten zeigt sich dasselbe Bild. Das OLG. Köln (Rspr. 28, 292) führt aus, daß es einem großen industriellen Unternehmen naturgemäß unmöglich sei, durch seine Organe jede einzelne im Betriebe vorzunehmende Verrichtung selbst anzuordnen und beaufsichtigen zu lassen; „es bleibt . . . . . . den Gesellschaftsorganen nichts anderes übrig", als die Bestellung zu nebensächlichen Verrichtungen Angestellten höherer Ordnung zu überlassen und alsdann zur Führung des Entlastungsbeweises darzutun, daß bei der Auswahl die verkehrserforderliche Sorgfalt beobachtet worden ist. (Ähnlich OLG. Posen, Neumanns Jbch. 1914, S. 211, 9d, OLG. Hamburg, Hans. GZ. 10. Beibl. 19: „der Entlastungsbeweis braucht nur hinsichtlich des Betriebsleiters, der die Arbeiter beaufsichtigt, geführt zu werden, nicht hinsichtlich des Arbeiters, der die den Schaden herbeiführende Arbeit selbst ausgeführt hat", OLG. Kiel, Neumanns Jbch. 1922, S. 91, 6: „Ist in einem gewerblichen Betriebe der leitende Angestellte der technische Oberbeamte, eine tüchtige, beruflich wie auch sonst einwandfreie Persönlichkeit, so ist der vom Geschäftsherrn zu führende Nachweis als erbracht anzusehen", OLG. Kiel, Neum. Jbch. 1922, S. 91, 5: Hat der Postfiskus als Mieter die Streupflicht übernommen und ist jemand infolge mangelhaften Streuens zu Fall gekommen, so ist der Entlastungsbeweis geführt, wenn der Fiskus nachweist, daß er bei der Auswahl des Postdirektors, dem die Auswahl der Unterangestellten obliegt, die nötige Sorgfalt beobachtet habe. Zu diesen Entscheidungen treten noch zahlreiche andere, die den in Bd. 78, S. 107 aufgestellten Grundsatz in ähnlicher Allgemeinheit übernehmen. Eine abweichende Entscheidung habe ich nicht feststellen können, auch nicht eine solche unterer Instanzen. Ich habe vielmehr von der Praxis verschiedener Kammern des Landgerichts I in Berlin, bei dem ich beschäftigt war, den Eindruck gewonnen, daß unter dem Einfluß der reichsgerichtlichen Rechtsprechung die Entlastungsmöglichkeit größerer Betriebe durch den Nachweis sorgfältiger Auswahl höherer Angestellter noch weitgehender gefaßt wird, als dies beim RG. geschieht, so daß man in manchen Fällen geradezu von dem Bestehen eines prima facie Beweises dafür, daß der Geschäftsherr seine leitenden Angestellten ordnungsgemäß auswählt, sprechen kann. Auch die vom RG. als Ausgleich für seine weite Auslegung des Entlastungsbeweises immer wieder betonte Aufsichtspflicht des Geschäftsherrn, die im einzelnen noch unten zu behandeln ist, findet nach meinen Erfahrungen, die auch durch einen Vergleich der oberlandesgerichtlichen Urteile mit denen des RG. bestätigt werden, keine ausreichende Berücksichtigung.

Zusammenfassend läßt sich feststellen, daß in der hier interessierenden Frage in der Praxis nach dem gegenwärtigen Stande der Rechtsprechung ein deutlicher Unterschied zwischen der Haftung großer und kleiner Betriebe nachweisbar ist. Nur da, wo es sich um kleine Verhältnisse handelt und noch unmittelbare persönliche Beziehungen zwischen dem Geschäftsherrn und dem schadenstiftenden Angestellten bestehen, ist der Beweis so zu führen, wie es sich aus dem Wortlaut des Gesetzes ergibt, nämlich dahingehend, daß der Bestellte zu der schädigenden Verrichtung tauglich war. Wo jedoch der Betrieb größeren Umfang hat, d. h. überall da, wo sich zwischen Geschäftsherrn und Schadenstifter noch ein Zwischenglied, der „höhere Angestellte" des RG. einschiebt, wo eine Verwaltungsorganisation besteht, die sich auf diesen Zwischenpersonen aufbaut, eröffnet sich nach dem gegenwärtigen Stande der Rechtsprechung eine andere Rechtslage. Es ist nicht mehr darauf abzustellen, ob der zur Verrichtung Angestellte geeignet war, sondern es genügt nachzuweisen, daß der höhere Angestellte, der an Stelle des Geschäftsherrn mit der Auswahl und Anstellung der schadenverursachenden Verrichtungen betraut war, mit der erforderlichen Sorgfalt ausgewählt worden ist. Ebenso endigt, wenn die Anstellung des Schadenstifters und die schadenbringende Verrichtung zeitlich auseinanderfallen, der Beweis für die dem Geschäftsherrn obliegende Aufsichtstätigkeit bei dem mit dieser betrauten höheren Angestellten (vgl. RG. 78, 108). Dieser Beweis ist viel leichter zu führen als der dem Geschäftsherrn des kleinen Betriebes obliegende. Die höheren Angestellten, für die praktisch vom Geschäftsherrn der Entlastungsbeweis zu führen ist, vom Personalchef bis zum Werkmeister, werden in der Regel auf Grund ihrer individuellen Fähigkeiten angestellt. Zeugnisse und Examensergebnisse, Herkommen und Empfehlungen vermindern das Risiko, eine untüchtige Kraft ausgewählt zu haben. Anders bei den niederen Angestellten, auf deren Verhalten das schadenstiftende Ereignis zurückzuführen ist. Soweit bei ihnen überhaupt eine auf die einzelne Persönlichkeit zugeschnittene Auswahl möglich ist, wird diese in der großen Mehrzahl der Fälle nur nach ganz allgemeinen Gesichtspunkten erfolgen und gerade auf die Eigenschaften, auf denen im einzelnen Fall ein Außenstehende schädigender Vorfall beruht, nur selten abstellen können. Hier wird infolgedessen der Exkulpationsbeweis aus § 831 bedeutend schwerer zu erbringen sein. Obwohl in beiden Fällen, bei großen wie bei kleinen Betrieben, es in gleicher Weise im allgemeinen die niederen Angestellten sind, die die Schädigung Außenstehender verursachen — denn sie sind es, die bei der Ausführung ihrer Verrichtungen mit dem Publikum in Berührung kommen — ist also je nachdem, ob Zwischenglieder zwischen Geschäftsherrn und Schadenstifter vorhanden sind oder nicht, der Beweis verschieden in seiner Richtung und seiner Schwierigkeit zu führen. Als Ergebnis dieser von der Rechtsprechung geschaffenen Rechtslage läßt sich feststellen: dem kleinen Unternehmer fällt es schwer, den ihm obliegenden Entlastungsbeweis zu erbringen, der Inhaber eines größeren Betriebes kann sich hinter seine leitenden Angestellten zurückziehen und sich auf diese Weise unschwer von der Haftung befreien; der Leidtragende ist der Verletzte, der das Unglück hat, von dem Angestellten eines großen Betriebes geschädigt zu werden.

§ 2. Die Unzulänglichkeit des Ergebnisses der Rechtsprechung und ihrer Ausgleichsversuche.

1. Die Unbilligkeit im allgemeinen.

Es ist bisher absichtlich davon Abstand genommen worden, die Frage zu behandeln, ob der von der Rechtsprechung eingenommene Standpunkt die innere Notwendigkeit des Gesetzes auf seiner Seite hat. Wenn dargelegt worden ist, daß er im Wortlaut des § 831 eine Stütze nicht findet, so ist damit selbstverständlich nicht gesagt, daß die von der Rechtsprechung vorgenommene Auslegung nicht dem Sinn des Gesetzes entspreche. Will man diesen feststellen, so bieten sich zwei Wege, um an die Aufgabe heranzugehen. Die eine Fragestellung ist die, ob das von der Rechtsprechung gewonnene Ergebnis den wirtschaftlichen Erfordernissen und dem Rechtsgefühl Genüge leistet, mit einem Worte, ob es gerecht ist; die andere ist, ob es der logischen

Erwägung als dem Aufbau des Gesetzes gemäß erscheint. Der richtige Weg scheint mir der zu sein, zuerst die Angemessenheit des Ergebnisses zu prüfen. Ist man sich erst einmal darüber im klaren, welches Ergebnis dem Rechtsgefühl entspricht, so wird es nicht schwer fallen, die ihm gemäße logische Begründung zu finden[1]).

Diese allgemeinen Erwägungen weisen auch für unsere Untersuchung die Richtung. Es wird deshalb in erster Linie zu prüfen sein, ob die von der Rechtsprechung gewonnenen Ergebnisse befriedigen und dann die Frage aufzuwerfen sein, welches Ergebnis sich logisch aus dem Gesetz ableiten läßt und auf welche Weise dies zu geschehen hat.

Es ist zunächst auffallend, daß, mit Ausnahme des Kommentars der Reichsgerichtsräte, die in der Praxis am meisten benutzten Kommentare und Lehrbücher bei der Darstellung des § 831 das hier behandelte Problem so gut wie gar nicht streifen, geschweige denn es kritisch würdigen. Nirgends findet sich ein Hinweis auf die Tatsache, daß in Anwendung derselben Gesetzesbestimmung mittelbare Rechtsverhältnisse anders behandelt werden als unmittelbare. So ist es erklärlich, daß die Ausführungen im Komm. d. RGR., deren Inhalt sich vollständig mit der Ansicht des VI. Senats deckt, in den Urteilen der unteren Gerichte und in den Schriftsätzen immer wieder ohne die Notwendigkeit, sich mit entgegenstehenden Ansichten auseinanderzusetzen, zitiert werden und auf diese Weise eine starke Unterstützung der reichsgerichtlichen Rechtsprechung bedeuten.

Es wird hier[2]) ausgeführt, die Vermutung eines Verschuldens des Geschäftsherrn müsse eine Grenze da finden, wo nach den gegebenen Verhältnissen die Möglichkeit eines Verschuldens aufhöre. Wenn in einem großen Betriebe eine Mehrheit von Personen in der Weise beschäftigt sei, daß die eine der anderen nachgeordnet ist, und der mit einem Kreise von Verrichtungen betraute höhere Angestellte zur Ausführung gehörige niedere Verrichtungen einem Untergebenen nach seiner Auswahl überträgt, vielleicht auch überhaupt ermächtigt sei, die unteren Hilfspersonen nach seiner eigenen Prüfung und seinem Ermessen anzustellen, dann habe sich der Sorgfaltsbeweis des Geschäftsherrn zunächst auf die Auswahl des höheren Angestellten zu richten. Es sei ihm „unter solchen Umständen nicht möglich und nicht zuzumuten“, daß er das ganze Personal des Betriebes selbst auswähle und selbst beaufsichtige.

[1]) Vgl. zum Vorstehenden Jsay: Die Isolierung des deutschen Rechtsdenkens, 1924, S. 15ff. und die dort Zitierten, bes. S. 16: „Heute lösen fast alle Juristen die Aufgabe (der Urteilsfindung) im wesentlichen mit dem Instinkt und dem Rechtsgefühl — und das sind die guten Juristen — oder im wesentlichen mit logischen Erwägungen, und das sind die schlechten Juristen“. Es braucht nicht betont zu werden, daß diese Sätze cum grano salis verstanden sein wollen!

[2]) RGR. Komm. 5. A. 1923, § 831 Anm. 5c.

Man sieht, die Rechtfertigung des Ergebnisses ist hier genau dieselbe, wie in den gerichtlichen Entscheidungen: haften soll der Geschäftsherr nur, wenn ihn ein eigenes Verschulden trifft. Von einem solchen kann aber nur insoweit die Rede sein, als der Geschäftsherr oder seine Organe selber Auswahl und Aufsicht der Bestellten übernommen haben. Weil dies bei größeren Betrieben praktisch „unmöglich" und „nicht zumutbar" erscheint, und dem Geschäftsherrn deshalb erlaubt sein muß, sich bei dieser Tätigkeit durch andere Angestellte vertreten zu lassen, soll es unbillig sein, den Entlastungsbeweis für das vermutete Verschulden über den Nachweis sorgfältiger Auswahl und Aufsicht dieser höheren Angestellten hinaus zu erstrecken.

Alle diese Erwägungen mögen geeignet sein zu bestätigen, daß es bei großen Betrieben eine Unmöglichkeit ist, von einem Verschulden des Geschäftsherrn oder eines Vorstands einer Aktiengesellschaft zu sprechen, wenn ein Arbeiter einen Dritten verletzt, und für ein solches Verschulden haften zu lassen[1]) — der Kern der Sache, ob das gewonnene Ergebnis gerecht ist, wird durch sie nicht berührt.

Die Antwort auf diese Frage kann meines Erachtens nicht zweifelhaft sein; sie muß verneinend ausfallen. Die Rechtsprechung hat es immer wieder vermieden, die praktischen Folgen des weiten Entlastungsbeweises klar auszusprechen. Sie sind oben bereits — ohne kritische Würdigung — dargelegt worden: Große Betriebe können sich leichter von der Haftung befreien als kleine; der von dem Angestellten eines Großbetriebes Verletzte ist schlechter gestellt als der von dem Angestellten eines kleinen Geschäftsherrn Geschädigte. Die Kritik liegt in den Tatsachen selbst. Es ist nirgends auch nur der Versuch gemacht worden, diese unterschiedliche Behandlung der Haftungsfrage innerlich zu rechtfertigen. Der scharfen Kritik, die Reichsgerichtsrat MEYER, ein früheres Mitglied des VI. Senats, an der Rechtsprechung geübt hat[2]), muß leider voll zugestimmt werden: „sie wirkt rein plutokratisch und gegen das Ergebnis sträubt sich das Rechtsgefühl."

Außer MEYER sind nur wenige Stimmen laut geworden, die der Rechtsprechung ablehnend gegenüberstehen. Besonders ist hier die Untersuchung von DEETZ über den „Haftungsgrund bei den unerlaubten Handlungen des BGB."[3]) zu nennen; vgl. ferner GRÜNEBAUM, DJZ. 08, Sp. 321ff.[4]), ECKSTEIN, Arch. Ziv.Prax. 114, 114ff., JOVY, Arch. bürg. R. 37, 78ff. (S. 123, 101).

---

[1]) Darüber unten.

[2]) MEYER: Kritische Streifzüge in das Gebiet der unerlaubten Handlungen, Recht 1924, S. 277ff., 312ff. (314).

[3]) GRUCHOT: Bd. 64, S. 164ff. bes. S. 180/81.

[4]) 321: „Nur dem, der täglich genötigt ist, mit § 831 zu arbeiten, wird sich die Überzeugung aufdrängen, daß dieser Paragraph fast in allen Fällen geradezu zu

2. Die Behandlung der Haftungsfrage in Grenzfällen (Haftung aus Vertrag oder wegen Verletzung allgemeiner Verkehrspflichten).

a) Die Unzulänglichkeit der vom Reichsgericht vorgenommenen Behandlung des Entlastungsbeweises ist indessen nicht allein auf die Tatsache zu stützen, daß die verschiedenartige Behandlung größerer und kleinerer Betriebe unbillig erscheint. Noch eine weitere Erwägung führt zu demselben Ergebnis. Sie ergibt sich aus einer Gegenüberstellung von § 831 und § 278 BGB., bei der nach dem hier eingeschlagenen Wege die Frage nach der juristischen Konstruktion, nach dem Haftungsgrunde in beiden Bestimmungen, zunächst nicht gestellt werden soll. Die Problemstellung ist hier nur die, ob die unterschiedliche Behandlung der Haftungsfrage in § 278 und, nach der Rechtsprechung bei Großbetrieben, in § 831 innerlich begründet und den wirtschaftlichen Bedürfnissen entsprechend ist. Das kann m. E. nur dann der Fall sein, wenn ein nicht nur konstruktiver, sondern sachlich erfaßbarer Unterschied zwischen jenen Rechtsverhältnissen besteht, in denen unbeschränkbar aus § 278 gehaftet wird, und denen, bei welchen die Haftung mittels einer leichten Entlastungsmöglichkeit in der Regel der Fälle illusorisch gemacht wird.

Die auf der Grundlage des geltenden Rechtes hier erfolgende Untersuchung hat von der Tatsache auszugehen, daß das BGB. mit der Einführung des Entlastungsbeweises in § 831 klar seine Ansicht zum Ausdruck gebracht hat, bei außervertraglichen Verhältnissen eine andere, und zwar nicht so weitgehende Haftung eintreten zu lassen, als dies bei Vertragsverhältnissen der Fall ist. Daraus ergibt sich ohne weiteres eine selbstverständliche Einschränkung der Fragestellung. Aber dieser Umstand bedeutet nicht ihre Ausschaltung überhaupt! Offen bleibt die Frage, ob sich die Fälle des § 278 von denen des § 831 sachlich immer so unterscheiden, daß eine weite Ausdehnung des Exkulpationsbeweises in § 831 und die durch seinen Wortlaut jedenfalls nicht gedeckte vorzugsweise Behandlung großer Betriebe im Hinblick auf die Vorschrift des § 278 gerechtfertigt erscheint. Das ist m. E. zu verneinen.

Die Begründung hierfür ist der Betrachtung einer Gruppe von Rechtsverhältnissen zu entnehmen, die in den Kreis der sehr allgemein als „gesetzliche Schuldverhältnisse" zu bezeichnenden Rechtsformen gehörig, von der Rechtsprechung als vertragsähnliche Rechtsverhältnisse bezeichnet werden. Sie bilden eine Zwischenstufe zwischen vertraglichen und außervertraglichen Verhältnissen, bei der in der Haftungsfrage oft Zweifel entstehen, ob § 278 oder § 831 anzuwenden ist.

---

einer Rechtlosigkeit des Beschädigten führt." 326: hier hat dem BGB. der Tropfen sozialen Öls gefehlt". Ähnlich Ernst Fuchs: R. u. W., 19, 171ff.

Es wird nachzuweisen sein, daß die Rechtsprechung diese Frage oft nur im Wege reiner Konstruktion zu lösen gesucht hat und dadurch, in Verbindung mit seiner Behandlung der Großbetriebe in der Entlastungsfrage, bei sachlich gleich- oder fast gleichliegenden Verhältnissen zu ganz verschiedenen Ergebnissen gelangt ist.

Zur Erläuterung möge zunächst die Gegenüberstellung folgender vom Reichsgericht entschiedener Fälle dienen:

1. Der Entscheidung des VI. Senats Bd. 78, S. 239ff. lag folgender Sachverhalt zugrunde: die Klägerin, die in dem Warenhause des Beklagten bereits verschiedene Einkäufe gemacht hatte, begab sich in das Linoleumlager, um einen Linoleumteppich zu kaufen. Der sie bedienende Handlungsgehilfe setzte, als er eine von der Klägerin bezeichnete Rolle hervorholen wollte, zwei andere Rollen beiseite. Diese fielen um, trafen die Klägerin und ihr Kind und rissen beide zu Boden. Der Kauf des Teppichs ist nicht zustande gekommen.

Die rechtlichen Ausführungen des Reichsgerichts in dieser Entscheidung sind grundlegender Natur. Es konstruiert, daß der Antrag auf Vorlegung des Teppichs und die Annahme dieses Antrages auf die Hervorbringung eines Kaufs also eines rechtsgeschäftlichen Erfolges gerichtet waren. „Dies war kein bloß tatsächlicher Vorgang, wie ihn eine reine Gefälligkeitshandlung darstellen würde, sondern es entstand ein den Kauf vorbereitendes Rechtsverhältnis zwischen den Parteien, das einen vertragsähnlichen[1]) Charakter trägt und insofern rechtsgeschäftliche Verbindlichkeiten erzeugt hat, als dem Verkäufer wie dem Kauflustigen die Pflicht erwuchs, bei der Vorlegung und der Besichtigung der Ware die gebotene Sorgfalt für die Gesundheit und das Eigentum des anderen Teils zu beobachten." Es sei in zahlreichen Entscheidungen anerkannt, daß sich aus einem Schuldverhältnis solche Sorgfaltspflichten ergeben können, die mit der rechtlichen Natur des Verhältnisses im engeren Sinne nichts zu tun haben, jedoch aus seiner tatsächlichen Gestaltung notwendig folgen. Der Rechtsgedanke des § 278 treffe daher hier durchaus zu. Diese Entscheidung wird ausdrücklich auf das allgemeine Rechtsempfinden gestützt, diesem würde es zuwider laufen, wenn in Fällen, wo Geschäftsangestellte Kauflustige durch Unvorsichtigkeit schädigen, der Geschäftsinhaber, mit dem der Kauflustige den Kauf habe abschließen wollen, nur nach Maßgabe des § 831 und nicht unbedingt haftete, der letztere also beim Gelingen des

---

[1]) Dagegen Siber: Vorbem. I 4c vor § 275, der einen durch Einladung und Besuch zustande kommenden, von einem späteren Kaufabschluß verschiedenen Vertrag annimmt. Daß ein verträgsähnliches Verhältnis unverbindlich wäre, wie Siber meint, da die Zahl der nicht vertraglichen Schuldverhältnisse geschlossen (?) sei, ist nicht recht verständlich. Im übrigen kommt diesem Streit, der nur terminologischer Natur ist, praktische Bedeutung nicht zu.

Entlastungsbeweises an den zumeist mittellosen Angestellten verwiesen würde. Interessant ist noch, daß das Urteil die Ausführungen des Kammergerichts, nach denen schon durch den Eintritt eines Kauflustigen oder gar eines Besuchers ohne bestimmte Kaufabsicht ein Vertragsverhältnis geschlossen werde, als rechtlich bedenklich bezeichnet.

2. Der demselben Senat in der Entscheidung JW. 1913, S. 23 vorliegende Sachverhalt war folgender:

Dem Kläger fiel, als er sich in dem Warenhaus der Beklagten aufhielt, ein metallener Ständer von der Galerie des ersten Stockes auf den Kopf, wodurch er körperlich verletzt wurde. Der Ständer hatte sich auf einem Brett befunden, an dem sich keine Schutzvorrichtungen befanden, um ein Herabfallen der auf ihm befindlichen Gegenstände zu verhindern. Der Vorfall hatte sich auf die Weise ereignet, daß eine Besucherin des Warenhauses, als sie aus einem auf dem Brette liegenden Stoß Blusen eine Bluse hervorzog, den Ständer zum Fallen brachte.

Das RG. geht davon aus, daß der Zustand des Brettes, der das Herabfallen des Ständers ermöglichte, ordnungswidrig war. Es erörtert die Frage der Haftung des Geschäftsherrn aus § 831 und verneint, daß eine vertragsmäßige Haftung der beklagten Gesellschaft gemäß § 278 begründet sei. Der vorliegende Fall sei von dem — unter 1) dargestellten — in RG. 78, 239 entschiedenen wesentlich verschieden. Es lag nicht wie dort ein durch Vorlegung von Waren an einen Kauflustigen zur Besichtigung begründetes vertragsähnliches Verhältnis vor, sondern nur soviel, daß der Kläger — sei es mit, sei es ohne Kaufabsicht — das Warenhaus betreten hatte. Damit allein sei für die Annahme einer vertragsmäßigen Haftung des Warenhausbesitzers für die körperliche Sicherheit des Warenhausbesuchers noch keine ausreichende Rechtsgrundlage gegeben.

Allgemeiner wird der hier vertretene Standpunkt vom II. Senat in der Entscheidung Bd. 74, S. 124ff. ausgesprochen. Hier wird gesagt, daß ein allgemeiner Rechtssatz des Inhalts, daß, wer in einem Hause ein Gewerbe betreibe, das den Eintritt von Käufern mit sich bringt, kraft Vertrages den kaufenden Personen für eine die Sicherheit nicht gefährdende Beschaffenheit der Räumlichkeiten oder der Zugänge des Hauses einzustehen habe, nicht anzuerkennen sei, daß vielmehr eine Vertragshaftung nur dann und nur insoweit eintrete, als Vertragsbeziehungen vorhanden sind, die sich gerade auf die Benutzung eines Raumes beziehen[1]).

Wenn man versucht, die zu dieser Frage ergangenen Entscheidungen des RG. auf einen gemeinsamen Nenner zu bringen, so läßt sich

---

[1]) Ebenso OLG., 24, 312ff.

feststellen, daß das RG. vertragsähnliche und Haftpflichten aus § 278 erzeugende Beziehungen zwischen dem Publikum und solchen Personen, die in ihrem Hause ein Gewerbe betreiben, in dem Augenblick entstehen läßt, in dem der „Kauflustige“ mit dem durch seinen Angestellten vertretenen Geschäftsinhaber in Kaufverhandlungen in bezug auf einen konkreten Gegenstand getreten ist. Dagegen wird dadurch, daß man das Geschäftshaus eines anderen, wenn auch mit Kaufabsicht betritt, ein vertrags- oder vertragsähnliches Verhältnis nicht begründet[1]).

Es gehört nicht in den Rahmen der Untersuchung, zu der Frage, ob in den geschilderten und ähnlichen Fällen aus § 278 oder aus § 831 gehaftet wird, ausführlich Stellung zu nehmen. Ich stehe auf dem Standpunkt, daß in allen diesen Fällen, auch dann, wenn dem Kauflustigen bereits bestimmte Waren zur Besichtigung vorgelegt worden sind, nur aus § 831, also mit der Möglichkeit der Entlastung und unter Umständen wegen Verletzung allgemeiner Verkehrspflichten[2]) aus § 823 gehaftet wird[3]). Die allgemeine Rechtspflicht, dem Verkehr offen stehende Räume so einzurichten, daß sie dem Publikum nicht gefährlich werden[4]), besteht ganz unabhängig von dem konkreten Vertragsverhältnis. Sie begründet keine Verbindlichkeit im Sinne des § 278. Erst die unerlaubte Handlung ist es, die die Verpflichtung einer bestimmten Person gegenüber begründet. Das Ergebnis ist bei richtiger Behandlung des Entlastungsbeweises aus § 831 auch nicht unbillig; die entgegenstehende Ansicht in Bd. 78, S. 239ff. ergibt sich eben aus der Ausdehnung der Entlastungsmöglichkeit, die zur Korrektur des Ergebnisses auf dem Umweg über die Konstruktion vertragsähnlicher Verhältnisse geführt hat.

Wie bereits oben ausgeführt, kommt es indessen hier auf etwas anderes an, auf die Feststellung, daß die Ausdehnung des Entlastungsbeweises dazu führt, ganz ähnlich liegende Fälle in ganz verschiedener Weise zu behandeln. Ich vermag nicht einzusehen, warum sich der Geschäftsherr leicht entlasten darf, falls ich verletzt werde, wenn ich als Kauflustiger mich im Warenhause aufhalte, ohne gerade in Vorverhandlungen über den Kauf einer Sache zu stehen, warum aber eine unbeschränkbare Haftung eintreten soll, wenn mir dasselbe passiert, während ich gerade mit dem Aussuchen eines Gegenstandes beschäftigt bin. Und wie ist die Rechtslage, wenn ich beschädigt werde, nachdem ich meine Einkäufe beendet habe, mich aber noch in den Räumen des Verkäufers

---

[1]) Ebenso Staub-Pinner: Vorbem. 56a vor § 373.

[2]) Darüber unten.

[3]) Ebenso im Ergebnis Heinsheimer: Die Haftung des Schuldners für seinen Erfüllungsgehilfen usw. Grünhuts Zeitschr. 1914, S. 13/14.

[4]) Vgl. Enneccerus: 15/17 A. I. 2, § 451, II, 2 und die dort zitierten Entscheidungen.

aufhalte? Ist das Schuldverhältnis als Organismus noch als fortbestehend zu denken, solange ich mich noch im Geschäft befinde (§ 278) oder ist es bereits mit dem Empfang der gekauften Ware abgewickelt (§ 831)? Erscheint es billig, wenn in dem in Band 78, S. 238 behandelten Fall der Klägerin aus § 278 gehaftet wird, während sich der Beklagte, falls das durch das gleiche Ereignis verletzte Kind der Klägerin klagen würde, ohne weiteres von der Haftung durch den Nachweis befreien könnte, daß er den Personalchef, der den Schadenstifter angestellt hat, gehörig ausgesucht und beaufsichtigt habe? Denn in diesem Falle wäre ja kein durch die Vorlegung von Waren begründetes vertragsähnliches Verhältnis entstanden und auch ein Vertrag zugunsten eines Dritten nicht konstruierbar[1]).

Derartige Gegenüberstellungen dürfen indessen nicht dazu verführen, zu weitgehende Schlüsse zu ziehen. Es ist unvermeidbar, daß man bei Grenzfällen, auch wenn sie noch so ähnlich gelagert sind, unter Umständen zu verschiedenen Ergebnissen gelangen muß. So kann auch bei anderer Behandlung des Entlastungsbeweises, als es durch das Reichsgericht geschieht, der Fall eintreten, daß sich der Ge-

[1]) Das Reichsgericht (Bd. 91,21 (24), RGR. Komm. § 538 Anm. 4) hat den Grundsatz ausgebildet, daß auch der Ehefrau und anderen Familienangehörigen, die durch mangelhafte Beschaffenheit der vom Ehemann gemieteten Wohnräume eine Schädigung an Körper und Gesundheit erleiden, wegen des ihnen erwachsenen Schadens neben Ansprüchen aus unerlaubter Handlung in der Regel auch einen Vertragsanspruch gegen den Vermieter unter dem Gesichtspunkt des § 328 zustehe, da dem Mieter einer Familienwohnung im Zweifel die auch für den Vermieter erkennbare Absicht zu unterstellen sei, beim Abschluß des Mietvertrages seinen Angehörigen bezüglich der gefahrfreien Beschaffenheit der Wohnräume die gleichen Rechte gegen den Vermieter zu beschaffen, die ihm selbst zustehen. „Denn ohne eine solche Ausdehnung der Vertragspflichten des Vermieters sind die Angehörigen in Schädigungsfällen auf außervertragliche Ansprüche beschränkt und genießen insbesondere nicht die Vorteile, welche dem Mieter die Vorschriften der §§ 278, 538 BGB., daß der Vermieter für einen beim Vertragsabschluß vorhandenen Mangel auch ohne Verschulden haftet, geben. Eine solche verschiedene Gestaltung der Rechtslage des Mieters und der seiner Angehörigen widerstrebt dem gesunden Rechtsgefühl und entspricht deshalb nicht den Vertragsabsichten des Mieters, der seine Angehörigen, wie sich der Vermieter nicht verhehlen kann, in bezug auf Ersatzansprüche der bezeichneten Art nicht schlechter stellen will als sich selbst“ (RG. a. a. O.). Schon aus der Begründung ergibt sich, daß eine Anwendung dieser Grundsätze auf die oben behandelten Rechtsverhältnisse ausgeschlossen ist. Die vom Reichsgericht vorgenommene Erstreckung der Mieterrechte auf Angehörige ist gewiß im Ergebnis befriedigend; sie ist aber nur bei den besonderen Umständen des Mietverhältnisses oder mietähnlicher Verhältnisse (vgl. RG. a. a. O. S. 24f) denkbar. Bei den den Entscheidungen der JW. 1913, 23 und RG. 78, 239ff. zu Grunde liegenden Tatbeständen bedeutet ein Vertrag zugunsten eines Dritten konstruktiv eine Unmöglichkeit. Abgesehen davon ist auch die Beschränkung der Angehörigen auf außervertragliche Ansprüche durchaus gerechtfertigt; das Risiko des Geschäftsherrn darf nicht überspannt werden.

schäftsherr gegenüber dem Kinde aus § 831 exculpiert, während er der Mutter aus § 278 haftet[1]). Das hindert jedoch nicht, daß man bemüht sein muß, das Eintreten derartiger Fälle, bei denen trotz fast gleichartigen Sachverhalts die Entscheidung verschieden ausfällt, nach Möglichkeit einzuschränken. Die extensive Auslegung des Entlastungsbeweises durch das Reichsgericht fördert aber gerade solche Ergebnisse. Auch dann, wenn man der hier vertretenen Ansicht folgend vertragliche Verpflichtungen überhaupt verneint, wäre, solange das Reichsgericht seinen Standpunkt nicht ändert, natürlich nichts gebessert. Denn dann würde in allen diesen Fällen bei Großbetrieben der Entlastungsbeweis erleichtert sein und ein ungerechtes Ergebnis — wie ja auch die Entscheidung Bd. 78, S. 239 ausdrücklich hervorhebt — erreicht werden. Aus dem Bestreben, dieses zu vermeiden, läßt sich vielleicht gerade die Konstruktion eines „vertragsähnlichen" Verhältnisses durch das Reichsgericht erklären, — ein Umweg, der sich ohne die als unbillig erkannte weite Ausdehnung des Entlastungsbeweises ersparen ließe. Es ergibt sich also, wie man auch in diesen Fällen konstruiert, stets das gleiche Ergebnis, daß die erleichterte Möglichkeit der Entlastung, die die Praxis den Großbetrieben gewährt, unwirtschaftliche und unbillige Ergebnisse verursacht.

b) Die soeben geschilderten Rechtsverhältnisse gehören in den weiten Kreis der gesetzlichen Schuldverhältnisse, die Rechtsformen der verschiedensten Art umfassen. Neben solchen Schuldverhältnissen, die unmittelbar aus dem Gesetz abzuleiten sind[2]), finden sich solche,

[1]) M. E. läßt sich, wie bereits erwähnt, auch dieses Ergebnis ohne jede konstruktive Schwierigkeit vermeiden, wenn man von der Annahme „vertragsähnlicher" Beziehungen überhaupt Abstand nimmt und in beiden Fällen aus § 831 haften läßt.

[2]) Nur beispielsweise seien erwähnt, ohne daß damit der Versuch einer Vollständigkeit oder Systematik gemacht werden soll: gesetzliche Schuldverhältnisse zwischen Eigentümer und Besitzer § 990, 2 BGB. (vgl. bes. RG. 105, 88ff. und Siber, Vorbem. II. 2a, S. 16, Enneccerus-Kipp-Wolff: 15/17. A., § 225 I. 2), zwischen Grundstückseigentümer und Hypothekengläubiger aus § 1134 BGB., zwischen Hypothekengläubiger und Schuldner auf Grund zahlreicher Bestimmungen der 3. StNV. wie des Aufwertungsgesetzes, Finder und „Empfangsberechtigtem" (vgl. Wolff: Sachenrecht § 82, IV), Nießbraucher und Eigentümer (vgl. Wolff: a. a. O. § 117), ebenso allgemein zwischen Pfandgläubiger und Verpfänder, Auftraggeber und Erben des Beauftragten gemäß § 673 BGB., die zahlreichen auf dem Gesetz beruhenden Personen- und sozialrechtlichen Rechtsbeziehungen des Familien- und Erbrechts wie des Arbeitsrechts, das Schuldverhältnis zwischen Frachtführer und Empfänger nach Übergabe des Frachtbriefs (§ 436 HGB., vgl. RG. 95, 123), zwischen Wechselinhaber und Vormann aus §§ 45, 47 WO., die in der Rechtsprechung und Literatur herrschende Auffassung der Anfechtbarkeit von Rechtsgeschäften und Rechtshandlungen des Kridars als gesetzliches Schuldverhältnis (vgl. Jäger, Konkursrecht, S. 111[1]); über Aufwertung von Ansprüchen aus gesetzlichen Schuldverhältnissen (§ 91 ZPO.) vgl. RG. Recht 1925, Nr. 847.

bei denen es sich in Wahrheit um eine dem Grundgedanken des BG. entsprechende Fortbildung des Rechts handelt. Bei ihnen ist, wie an der oben behandelten Gruppe von Rechtsverhältnissen zu zeigen versucht wurde, konstruktiv oft fraglich, ob Vertragspflichten erzeugende Rechtsbeziehungen zur Entstehung gelangen oder lediglich die Verletzung allgemeiner Verkehrspflichten aus §§ 823, 831 BGB. geahndet wird. Die Frage selbst ist hier nicht zu entscheiden, aber die Fragestellung ergab bereits, daß in diesen Grenzfällen bei Anwendung von § 831 der Billigkeit entsprechende Ergebnisse nicht zu erzielen waren, wenn man eine extensive Behandlung des Entlastungsbeweises Platz greifen läßt, die erst die unbefriedigenden Unterschiede in den Ergebnissen aus § 278 und § 831 ermöglicht.

Eine ähnliche Beweisführung ist bei einer weiteren Gruppe derartiger Schuldverhältnisse zu versuchen, bei denen die Rechtsprechung zwar fast durchweg das Bestehen vertragsähnlicher Rechtsbeziehungen bejaht hat, bei welchen man aber konstruktiv ohne Schwierigkeit von dem Vorliegen vertraglicher Bande absehen und wieder nur allgemeine Verkehrspflichten annehmen kann, deren Verletzung zur Haftung aus § 831 BGB. führen würde.

Es handelt sich hier um Schuldverhältnisse, die, wissenschaftlich bisher noch nicht untersucht, von der Praxis, besonders der Kriegs- und Nachkriegszeit, in steigendem Maße ausgebildet worden sind, wie ein Blick auf die zahlreichen Entscheidungen lehrt. In der Rechtsprechung des Reichsgerichts und der unteren Gerichte[1]), ferner auch des Gerichtshofs für Kompetenzkonflikte[2]) und neuerdings des Preußischen OVG.[3]) ist eine Lehre ausgebildet worden, nach der es obrigkeitliche Akte gibt, die gleichzeitig ein vertragsähnliches, dem Privatrecht angehöriges Verhältnis zwischen demjenigen, an den sich der obrigkeitliche Akt richtet, und dem Staate erzeugen, der in dieser Hinsicht nicht als Träger von Hoheitsrechten, sondern als Fiskus erscheint. Versucht man das den in dieser Weise behandelten Fällen Gemeinsame festzustellen, so ergibt sich, daß es sich stets darum handelt, daß jemand in Befolgung einer obrigkeitlichen Anordnung Besitz und Aufsicht über eine Sache aufgibt, um sie der anordnenden Behörde auszu-

---

[1]) Vgl. u. a. Bd. 48, 255, 51, 219, 67, 336, 78, 325, 84, 338, 99, 284, 100, 221, 103, 173. Warn. Erg. Bd. I. 08 Nr. 305, DJZ. 23, 368, 500, JW. 20, 790[3], 24, 190[29]. — OLG. Hamburg Hans. GZ. 17, Beibl. 285, Seuff. A. 21, Nr. 69, Hans.RZ. 23, 278, OLG. Königsberg, Seuff. A. 21, Nr. 50; OLG. Rostock, Seuff. A. 1924, 131. — Die Entscheidungen können noch um zahlreiche andere vermehrt werden; es sind hier nur die typischsten Fälle herausgegriffen worden, aus denen sich das überaus häufige Vorkommen der hier zu behandelnden Rechtsform ergibt.

[2]) JW. 23, 545.

[3]) OVG. 74, 402.

liefern, die nun ihrerseits den Gegenstand zur Erfüllung öffentlichrechtlicher Zwecke — und zwar meistens auf Zeit — entgegennimmt und damit die (privatrechtliche) Verpflichtung zur Obhut und etwaigen Rückgabe übernimmt.

Diese Fälle amtlicher Verwahrung kommen beispielsweise vor: bei beschlagnahmten Sachen (vgl. §§ 20, 150, ZVG. § 23, Preß-Ges., § 140 StGB., § 326 StPO., die vielen Arten der Kriegsbeschlagnahme und der Beschlagnahme auf Grund von Gesetzen und Verordnungen der Nachkriegszeit[1]), bei im Zivilprozeß dem Gericht eingereichten und von diesem zurückbehaltenen Urkunden (RG. 51, 221), von der Zollbehörde beschlagnahmten Sachen, die mit dem Vorbehalt, daß das Eigentum ex lege wieder zurückfällt, wenn festgestellt wird, daß keine Zolldefraudation vorgelegen hat, zunächst in das Eigentum des Reichs gelangt sind (RG. 55, 235), einem Strafgefangenen in der Strafanstalt abgenommenen Sachen (RG. 78, 325), Sachen, die in einer amtlichen Entseuchungsanstalt desinfiziert werden (RG. 99, 284), bei dem dem Grundbuchamt übergebenen Hypothekenbrief[2]) usw.

Wie das im Rahmen öffentlich-rechtlicher Beziehungen entstandene privatrechtliche Verhältnis konstruktiv zu behandeln ist, kann zweifelhaft erscheinen. Als ein Vertrag — und zwar käme ein Verwahrungsvertrag (§ 688ff. BGB.) in Betracht — kann es schlechterdings nicht angesehen werden. So sehr man sich vor einer übermäßigen Betonung des „Vertragswillens" hüten muß, die nur zu leicht auf ein Subintellegieren von Willensäußerungen, an welche die Parteien nie gedacht haben, hinausläuft, sondern die Auslegung eines Rechtsgeschäftes nach objektivem Maßstab, in der Untersuchung des Typischen und Verkehrsüblichen, vorzunehmen hat[3]), so bleibt doch für diese Rechtsverhältnisse maßgebend, daß die privatrechtlichen Beziehungen nur Nebenwirkungen des öffentlich-rechtlichen Verhältnisses sind: Staat und Einzelner wollen sich nicht als Vertragsgegner, als Parteien, gegenüberstehen und haben also an eine vertragliche Bindung überhaupt nicht gedacht. Hier einen stillschweigend geschlossenen Verwahrungsvertrag annehmen zu wollen, würde daher eine unmögliche Fiktion bedeuten.

Die zitierten Entscheidungen sind sich dessen sehr wohl bewußt[4]). Sie lehnen ausdrücklich das Vorliegen eines Vertrages ab, „für dessen Vorliegen es an den erforderlichen tatsächlichen Unterlagen mangelt."

---

[1]) Diese bilden die Grundlage für die überaus zahlreichen Entscheidungen der letzten Jahre.

[2]) Vgl. GÜTHE: GBO. 2. A., S. 1095.

[3]) Vgl. DANZ: Auslegung der Rechtsgeschäfte, SIBER, Jh. Jh. 70, 259, v. TUHR: I, 2, S. 225.

[4]) Schwankend noch E. 51, 221.

Die noch unter dem Einfluß des gemeinen Rechts stehende Entscheidung Bd. 48, S. 205 spricht von einem Quasikontrakt, später heißt dieses Rechtsverhältnis „vertragsähnlich" und „unmittelbar" kraft Gesetzes entstanden, auf das die Bestimmungen über den Verwahrungsvertrag (§ 688ff.) sinngemäß anzuwenden seien[1]).

Zweifellos ist, daß die hier nicht näher zu erörternde Frage, ob die Annahme privatrechtlicher Beziehungen im Rahmen öffentlich-rechtlicher Verhältnisse möglich ist, bejaht werden muß. Die Praxis, die sich hiermit in fast allen der zitierten Entscheidungen auseinandergesetzt hat, da sie auch in den Fällen, in denen die Einrede der Unzulässigkeit des ordentlichen Rechtswegs nicht erhoben worden war, diese Frage von Amts wegen zu prüfen hatte, hat dies auch durchweg angenommen. Die innere Berechtigung einer solchen Konstruktion liegt in dem Bestreben, das Übergreifen der Staatsgewalt über ihre zweckbestimmten Grenzen zu verhindern. Dazu tritt noch die Erwägung, daß der Private, wenn man ihm den ordentlichen Rechtsweg versagt, in den meisten der praktisch werdenden Fälle rechtlos gestellt sein würde.

In der Hauptsache sind es zwei Fälle, in denen hier Ansprüche gegen den Fiskus erhoben werden: einmal, wegen Herausgabe der abgelieferten Sache, nachdem der Hoheitsakt aufgehoben ist (sei es wegen Rechtswidrigkeit oder wegen Zweckerreichung) und zweitens auf Wertersatz, wenn die Sache, die Objekt des Hoheitsaktes war, verschlechtert, untergegangen oder abhanden gekommen ist. Hier interessiert der letztere Fall. Die Beeinträchtigung des Eigentums des Privaten ist in den meisten dieser Fälle auf das Verschulden von Hilfspersonen des Fiskus zurückzuführen; nur selten sind die Schadenstifter „verfassungsmäßig berufene Vertreter" im Sinn des §§ 30, 31, 89 Abs. 1 BGB. Die Fragestellung konkretisisert sich demnach dahin, ob der Fiskus hier aus § 278 oder, mit Exkulpationsmöglichkeit, aus § 831 haftbar zumachen ist.

Unrichtig ist zunächst die von Oertmann[2]) und vom RG. in einem Urteil vom 3. 10. 04[3]) vertretene Ansicht, daß § 278 nicht auf solche Verpflichtungen anzuwenden sei, die nicht auf Vertrag, sondern auf gesetzlicher Vorschrift des öffentlichen Rechts beruhen (dagegen bes. RGR.Komm. § 278 Anm. 4 und RG. 65, 117: Die Vorschriften des BGB. finden analoge Anwendung). Zuzugeben ist auch, daß die von der Praxis vorgenommene Konstruktion eines vertragsähnlichen Verhältnisses — mag man nun auch dieses die Vorschriften über den Ver-

---

[1]) Zur Begründung im einzelnen vgl. die oben zitierten Entscheidungen.

[2]) § 278, Anm. 3a.

[3]) Zitiert bei Friedrichs: Schuldverhältnisse des öffentlichen Rechts und BGB., Arch.Bürg.R. 42, 44ff.

wahrungsvertrag oder die über das Verhältnis zwischen Eigentümer und Besitzer (bes. §§ 989, 990 BGB.) anwenden — weniger gezwungen wirkt als das oben besprochene Verhältnis zwischen Kauflustigen und Ladeninhabern. Das von der Praxis hier erzielte Ergebnis ist auch durchaus zu billigen. Aber konstruktiv erscheint das „vertragsähnliche Verhältnis" nicht unbedenklich. Die Praxis nimmt an, daß die vertraglichen Wirkungen, die eine Art gesetzlicher Custodiahaftung zur Folge haben, unmittelbar durch die bloße Tatsache des Tätigwerdens der Staatsgewalt zum Entstehen gebracht werden. In Wirklichkeit sind aber die zur Obhutspflicht über die in den Bereich der Staatsgewalt gelangten Gegenstände führenden Nebenwirkungen des Staatsaktes, solange der Staatsakt aufrechterhalten wird, nicht etwa besonderer rechtlicher Struktur. Auch die Verwaltung der im Gewahrsam des Staates befindlichen Sache gehört zur Ausübung der Hoheitsgewalt und bildet nicht etwa den Gegenstand einer — fiskalischen — Vermögensverwaltung. Die privatrechtlichen Beziehungen entstehen erst dann, wenn der Staat in ungesetzlicher Weise Handlungen begehen läßt, die nicht mehr im Rahmen des Zwecks des Staatsaktes liegen: die beschlagnahmte Sache wird beschädigt, vernichtet oder kommt abhanden. Die aus allgemeinen Gesichtspunkten sich ergebende Rechtspflicht des Staates, fremdes Eigentum, das er zur Durchführung staatlicher Zwecke in seinen Gewahrsam übernimmt, nicht zu verletzen, begründet noch kein privatrechtliches Schuldverhältnis. Erst die unerlaubte Handlung ergibt die Grundlage für eine Verpflichtung einer bestimmten Person gegenüber. Der Fiskus haftet deshalb in diesen Fällen für die Handlungen der von ihm mit Verrichtungen betrauten Personen nicht aus § 278. Er haftet auch nicht aus Art. 131 RV. in Verbindung mit § 839 BGB. Denn bei den hier in Frage kommenden Tatbeständen handelt es sich eben nicht um die Verletzung von Amtspflichten, dei dem Beamten dem einzelnen „Dritten" gegenüber obliegen; die hier in Frage stehenden Amtspflichten bei der Durchführung des mit der Inbesitznahme verfolgten Hoheitszweckes bestehen nur gegenüber dem Staat. Abgesehen davon werden in zahlreichen Fällen die schadenstiftenden Personen nicht Beamteneigenschaft besitzen, sondern auf Privatdienstvertrag angestellt sein. Es bleibt infolgedessen nur die Haftung aus § 831. Hier ergibt sich nun wieder dasselbe Bild, daß bei Unterstellung der in der Praxis angewandten extensiven Entlastungsmöglichkeit das Ergebnis nicht befriedigen würde. Der Fiskus wird in seinen einzelnen stationes stets als Geschäftsherr größerer Betriebe auftreten und würde als solcher den Entlastungsbeweis verhältnismäßig leicht zu führen in der Lage sein. Führt man dagegen den Entlastungsbeweis auf das vernünftige Maß zurück, so würde auch in diesen Fällen das Ergebnis der Billigkeit entsprechen. Man kann sogar weiter gehen und sagen, daß eine beschränkte Entlastungsmöglichkeit hier, wo der Staat im Dienst der Allgemeinheit und ohne fiskalische Nutznießung tätig wird, angemessener erscheint, als die unbeschränkte Haftung aus § 278. Jedenfalls läßt sich wiederum feststellen, daß die von der Rechtsprechung geübte Praxis in der Behandlung des Entlastungsbeweises bei den soeben dargestellten Rechtsverhältnissen je nach der Konstruktion und der aus ihr sich ergebenden Anwendung von § 278 oder § 831 zu verschiedenartigen und innerlich ungerechtfertigten Resultaten führt[1]). Man kann sogar vermuten — wofür allerdings der Beweis nicht zu erbringen ist —, daß die Praxis sich zu der Annahme vertragsähnlicher Schuldverhältnisse durch die Erwägung hat mitbestimmen lassen, auf diese Weise das unbefriedigende Ergebnis, das für sie die Anwendung von § 831 zur Folge haben würde, vermeiden zu können.

3. Ausgleichversuche der Rechtsprechung: die Aufsichtspflichten der Geschäftsherren.

Den anfangs besprochenen Entscheidungen des VI. Senats, die zur Frage des Entlastungsbeweises größerer Betriebe ergangen sind, ist nicht anzusehen, daß die hier behandelten Fragen Gegenstand lebhafter Meinungsverschiedenheiten innerhalb des Senats gewesen sind. Die Tatsache ergibt sich aus den bereits erwähnten Ausführungen des Reichsgerichtsrats a. D. MEYER, der, aus der rheinischen Praxis kommend, die Rechtsprechung in der hier behandelten Frage, solange der Senat bestand, ohne Erfolg bekämpft hat[2]). Dem Reichsgericht waren also die unerwünschten Folgen seiner Auffassung bekannt. Es ist bereits die Möglichkeit angedeutet worden, daß es sich zu der Annahme vertragsähnlicher Schuldverhältnisse, gerade um diese Wirkungen vermeiden zu können, hat mitbestimmen lassen. Ganz deutlich läßt sich indessen diese Absicht, die durch die vorzugsweise erleichterte Entlastungsmöglichkeit geschaffene Rechtslage zu korrigieren, im Gebiet des § 831 selbst und ferner des § 823 verfolgen. Es ist dies von erheblicher Bedeutung: liegen die Dinge tatsächlich so, daß die Rechtsprechung auf irgendeinem Wege die Folgen seiner extensiven Behandlung des Entlastungsbeweises, insbesondere die dadurch geschaffene Sonderstellung der größeren Betriebe beseitigt hätte, so wären etwaige Mängel der rechtlichen Konstruktion gegenüber dem billigenswerten Er-

---

[1]) Eine ähnliche Bemerkung findet sich bei UNGER, Handeln auf eigene Gefahr, S. 67 in einer Kritik der Motive zum BGB.: Die Motive werden sich der grellen und fast unerträglichen Diskrepanz nicht bewußt, zu welcher die Verschiedenheit der Haftbarkeit der Dienst- und Geschäftsherren in obligatorischen (§ 224 Abs. 2) und in außerobligatorischen Verhältnissen (§§ 711, 712) führt.

[2]) Vgl. MEYER: a. a. O., S. 314.

gebnis nur noch von geringer praktischer Bedeutung. Daß der Rechtsprechung eine solche befriedigende Korrektur mit der Annahme vertraglicher Beziehungen zwischen Kauflustigen und Warenhausinhabern nicht geglückt ist, ist bereits oben nachzuweisen versucht worden. Es bleiben nunmehr die Ausgleichsversuche der Praxis im Gebiet des 25. Titels selbst, der „unerlaubten Handlungen" zu untersuchen. Sie sind in der Normierung von Aufsichtspflichten des Geschäftsherrn zu erblicken, die ihre rechtliche Grundlage in § 831, aber auch als selbständige Rechtspflichten in § 823 haben sollen.

Bei der auf § 831 selbst wie bei der auf § 823 gestützten Aufsichtspflicht des Geschäftsherrn ist davon auszugehen, daß es anerkannten Rechtens ist, daß der Entlastungsbeweis nur dann als geführt gelten kann, wenn der Schadenstifter nachweisbar die erforderlichen Eigenschaften auch noch zur Zeit der Schadenszufügung hatte. Nur dann hat ja § 831 Abs. 1, S. 2 überhaupt einen Sinn; der Entlastungsbeweis ist gerade im Hinblick auf den Schadensfall zu erbringen. Ob der Bestellte bei anderen Aufgaben sich bewährt hat oder ob er früher bei gleichen Verrichtungen sich geeignet gezeigt hat, ist für den konkreten Entlastungsbeweis nicht von Bedeutung. Vielmehr muß der Angestellte noch zur Zeit der Verrichtung, bei deren Ausführung ein Dritter zu Schaden gekommen ist, die Befähigung zur ordnungsmäßigen Ausführung der Verrichtung besessen haben und der Geschäftsherr hat dementsprechend nachzuweisen, daß er die ihm obliegende Sorgfalt in der Auswahl des Angestellten zu dieser Zeit ausgeübt hat[1]). Der Geschäftsherr hat mit anderen Worten die Last, seine Angestellten nicht nur allgemein für den Kreis der ihnen in der Regel obliegenden Arbeiten mit Sorgfalt auszuwählen, sondern er ist gehalten, den Nachweis der Sorgfalt für die einzelnen ihnen im Lauf der Anstellung aufgetragenen Verrichtungen zu erbringen, also auch für die, die das schädigende Ereignis herbeigeführt hat. Da es praktisch eine Unmöglichkeit ist, den Beweis für ordnungsmäßige Auswahl der Angestellten bei jeder einzelnen Verrichtung durchzuführen, hat die Praxis sie durch eine Aufsichtspflicht des Geschäftsherrn über seine Angestellten ersetzt[2]). Maßgebend ist auch hier das bereits mehrfach zitierte Erkenntnis, Bd. 78, S. 107ff., auf dem sämtliche später sich mit der Aufsichtspflicht beschäftigenden Entscheidungen fußen. Darnach ist das Erfordernis, den Nachweis der Aufsichtspflicht zu erbringen, zunächst anscheinend gar nicht allgemein als gegeben anzusehen. Die Entscheidung besagt hierüber, daß der weitere Beweis der Aufsichtspflicht „jedenfalls" dann erforderlich

---

[1]) So RG. 78, 109 und zahlreiche weitere Entscheidungen; vgl. die Zitate bei STAUDINGER: Anm. 4a, a. E. zu § 831.

[2]) Vgl. RGR. Komm. § 831 Anm. 6, § 823 Anm. 6, von Entscheidungen besonders RG. 78, 107, JW. 14, 759[6], Recht 19, 753.

sei, wenn der Verletzte den Nachweis führt, daß sich der Angestellte, möge er bei seiner Anstellung auch mit Recht als tüchtig und zuverlässig erachtet worden sein, im Laufe der Dienstzeit nicht als zuverlässig erwiesen habe. Man kann dieser Stelle nicht mit Sicherheit entnehmen, ob das RG. auf dem Standpunkt steht, daß dieser Beweis des Geschädigten für das Gericht überhaupt die Voraussetzung bilden muß, um die Erfüllung der Aufsichtspflicht nachzuprüfen oder ob es diese Frage unentschieden lassen will. Ich möchte das letztere für wahrscheinlicher halten. Die späteren, in dieser Frage ergangenen Urteile halten es offenbar für ausreichend, wenn der Verletzte eine derartige Behauptung aufstellt.

Worauf hat sich nun nach der Praxis im einzelnen die Aufsichtspflicht zu erstrecken? Gefordert wird eine „fortdauernde wachsame Aufsicht über den Angestellten während dessen Dienstzeit[1])". Diese Aufsicht kommt beim größeren Betriebe in allgemeinen Aufsichtseinrichtungen und allgemeinen Aufsichtsanordnungen zum Ausdruck.

Sind die allgemeinen Aufsichtseinrichtungen nicht getroffen oder genügen sie nicht den Verkehrserfordernissen, so führt dies nach den zitierten Entscheidungen zur Haftung des Geschäftsherrn aus § 831. Aber auch hier handelt es sich lediglich um eine rein theoretische Haftungsmöglichkeit! Die Entscheidung Band 78, S. 107ff. (109)[2]) besagt hierzu, wie bereits oben angeführt:

„Handelt es sich um die praktische Aufsichtstätigkeit im besonderen auf der Grundlage der vom Geschäftsherrn getroffenen allgemeinen Aufsichtseinrichtungen, so kann diese bei einem großen Betriebe . . . . . wiederum wie die Auswahl des Betriebspersonals bei der Anstellung, einem höheren Angestellten übertragen werden müssen und dann gilt hinsichtlich des Entlastungsbeweises das vorher über die Auswahl bei der Einstellung Ausgeführte[3])." Es ist also ein circulus vitiosus. Mit der Statuierung von Aufsichtspflichten des Geschäftsherrn über seine allgemeinen Aufsichtseinrichtungen wird nichts weiter erreicht, als daß der Geschäftsherr neben dem Nachweise ordnungsmäßiger Auswahl seiner höheren Angestellten den Beweis erbringen muß, daß diese auf die Befolgung und Instandhaltung der Aufsichtseinrichtungen in sorgfältiger Weise geachtet haben, eine Obliegenheit des Geschäftsherrn, die nicht geeignet ist, ihm die Führung des Entlastungsbeweises merklich zu erschweren. Ein Ausgleich des hier kritisierten Ergebnisses wird also auf diesem Wege in keiner Weise erreicht. Es darf deshalb im einzelnen ununtersucht bleiben,

[1]) RG. 78, 109.

[2]) Vgl. auch bes. RG. Warn. 14, Nr. 35.

[3]) Das wird anscheinend von Meyer: a. a. O., S. 314 u. übersehen.

ob die hier angenommene Aufsichtspflicht in dieser Allgemeinheit überhaupt eine Stütze im Gesetz findet. Die Verpflichtung, die Ausführung der Verrichtung zu leiten, besteht nicht in allen Fällen, wie der Wortlaut des § 831 ergibt („sofern er die Ausführung der Verrichtung zu leiten hat"). Die „Leitung der Verrichtung ist indessen nicht die Betätigung einer allgemeinen Aufsicht über den Angestellten und seine Verrichtungen, eine solche wird in § 831 in keiner Weise gefordert[1])."

Wichtiger erscheinen die zur Haftung aus § 823 führenden Kontrollpflichten. Es handelt sich hier um die allgemeinen Aufsichtsanordnungen, die in den Aufgabenkreis des Geschäftsherrn selbst, bei juristischen Personen ihrer gesetzlichen Vertreter, fallen. Um auf ihre Versäumung Schadensersatzverpflichtungen aus § 823 stützen zu können, ist Voraussetzung, daß eine derartige Versäumung als widerrechtlich anzusehen ist. Von einer ständigen Rechtsprechung ist anerkannt, daß Unterlassungen nur insoweit als rechtswidrig zu betrachten sind, als eine Rechtspflicht zum Tun besteht und daß eine solche Rechtspflicht nach der Verkehrsanschauung insbesondere denjenigen, der seine „Räume" dem öffentlichen Verkehr eröffnet oder einem Geschäftsbetrieb vorsteht, verpflichtet, Maßnahmen zu treffen, um Gefahren für andere nach Möglichkeit abzuwenden[2]). Diese Rechtsprechung bildet die Grundlage für die Haftung des Geschäftsherrn aus § 823 bei Verletzung der allgemeinen Aufsichtsanordnungen, die zur Verhütung dieser Betriebsgefahren bestimmt sind. Soweit es sich um diese handelt, ist eine Entlastungsmöglichkeit aus § 831 nicht gegeben und der Geschäftsherr verhaftet, wenn der Beweis für ein Verschulden bei der Handhabung seiner Kontrollpflicht erbracht wird[3]).

Dieser Beweis ist aber — und hier liegt der springende Punkt — von dem Verletzten zu erbringen. Praktisch bedeutet dies, daß dem Geschädigten ein Beweisantritt nur in solchen Fällen möglich ist, in denen nachweislich wiederholte Verletzungen der Kontrollpflicht vorgekommen sind. Wo es sich jedoch nur um einmalige Vorkommnisse handelt, wird es ihm nur in den seltensten Fällen möglich sein, den Beweis zu führen, daß der Geschäftsherr seine Aufsichtspflichten mangelhaft erfüllt habe[4]). Da es sich ferner hier meistens um Fragen der inneren Organisation eines Betriebes handelt, die in jedem Einzelfalle von besonderer Art und daher vom Gericht jedesmal besonders zu

---

[1]) So bes. RG. 53, 56, 53, 276, 82, 218; Die Praxis des VI. Senats ist in dieser Frage widerspruchsvoll, wie ein Vergleich mit den oben zitierten Urteilen lehrt.

[2]) Vgl. ENNECCERUS: a. a. O. II, 1 § 451 II, 2.

[3]) Vgl. neben anderen RG. 73, 57, 78, 107, Warn. Rspr. 14, Nr. 187, LZ. 14, 1718.

[4]) Ebenso MEYER: a. a. O., Sp. 315.

prüfen ist und nicht um für die Schadensfolge typische Tatbestände, so wird im allgemeinen auch keine Möglichkeit bestehen, dem Verletzten hier durch Anwendung der vom Reichsgericht ausgebildeten Grundsätze über den prima-facie-Beweis seine Beweislast zu erleichtern[1],[2].

Aber selbst wenn es im einen oder anderen Falle dem Verletzten glückt, den Geschäftsherrn des Schadenstifters aus § 823 haftbar zu machen, wenn diesem der ihm nach § 831 obliegende Exkulpationsbeweis gelungen ist, kann man nicht gut sagen, daß damit ein „Ausgleich" für die durch die Erleichterung des Entlassungsbeweises entfallende Haftung aus § 831 geschaffen worden ist. Die Haftbarkeit des Unternehmers aus § 823 wegen Verletzung allgemeiner Verkehrspflichten ist auf einen selbständigen Haftungsgrund gegründet und tritt bei Großbetrieben naturgemäß häufiger ein als beim kleinen Betrieb, da bei ihnen nach Lage der Dinge Gefahren für das Publikum leichter und in größerem Umfange entstehen und dies den Unternehmer zu besonderen Maßnahmen zum Zwecke der Gefahrenabwendung verpflichtet. Diese Haftung bedeutet also praktisch eine Verschärfung der Haftung des Großbetriebes, die von dem Ausfall des angetretenen Entlastungsbeweises aus § 831 unabhängig ist. Der Gesichtspunkt der Haftung wegen Mangelhaftigkeit der Aufsichtspflicht aus § 823 würde ebenso beachtlich sein, wenn die Praxis den Entlastungsbeweis aus § 831 in einer Weise handhaben würde, die eine Haftungsbefreiung durch den Nachweis der Tauglichkeit eines mit dem Schadensfall in gar keinem direkten Zusammenhang stehenden höheren Angestellten unmöglich machen würde.

Fassen wir die Feststellungen zusammen, die wir über die durch die extensive Auslegung des Entlastungsbeweises bei größeren Betrieben erzielten Ergebnisse getroffen haben, so läßt sich sagen: Die zu dieser Frage ergangene Rechtsprechung führt zu einer verschiedenartigen und innerlich nicht gerechtfertigten Behandlung der großen und kleinen Unternehmen; der Großbetrieb hat eine ungleich leichtere Entlastungs-

---

[1]) Die Rechtsprechung verlangt durchweg das Vorliegen eines „nach dem regelmäßigen Zusammenhang der Dinge" zur Herbeiführung eines schädigenden Erfolges geeigneten Tatbestands oder Zustands; vgl. bes. RG. 95, 104 und die bei Rosenthal: JW. 20, 1026, „Der prima-facie-Beweis und das Schrifttum" zitierten Entscheidungen.

[2]) Vgl. auch Mataja: Recht des Schadenersatzes usw., S. 43: Der komplizierte ausgedehnte Mechanismus, welchen ein solches Unternehmen darstellt, gestattet dem Dritten, Fremden keinen rechten Einblick in den Geschäftsgang, und man muß sich da gerade mit der Haftung desjenigen begnügen, der augenscheinlich Anlaß des Unfalls gewesen ist, ohne weiter in die Tiefe eindringen zu können.

möglichkeit als der Kleinbetrieb. Das Resultat erscheint unbillig insofern, als der von der Rechtsprechung nicht einmal beabsichtigte, sondern auf rein konstruktive Erwägungen zurückzuführende Erfolg einer Bevorzugung des Großbetriebes ungerechtfertigt ist und es ferner dem Rechtsgefühl nicht entspricht, daß der von einem Angestellten eines Großbetriebes Verletzte wesentlich ungünstiger gestellt ist, als der von dem Angestellten eines kleineren Unternehmens Geschädigte. Es erscheint weiterhin unbefriedigend, daß durch die leichte Entlastungsmöglichkeit zu große Unterschiede in der Haftung für vertragliche und außervertragliche Schädigungen durch Angestellte erzielt werden, wie sich aus der Betrachtung einer Reihe von Rechtsformen ergibt, welche die Rechtsprechung zu den vertragsähnlichen Schuldverhältnissen rechnet, und bei denen die Anwendung von § 278 oder § 831 mittels des Entlastungsbeweises zu entgegengesetzten Resultaten führt, ohne daß dies innerlich begründet wäre. — Ein Ausgleich des als unzulänglich erkannten Ergebnisses ist von der Rechtsprechung durch Haftbarmachung des Geschäftsherrn wegen Verletzung von Aufsichtspflichten nicht erreicht worden.

§ 3. Der Haftungsgrund des § 831 und seine Bedeutung für den Entlastungsbeweis.

Die Untersuchung ist nunmehr, nach Aufzeigung der Ergebnisse der Rechtsprechung soweit fortgediehen, daß die bisher zurückgestellte Frage nach ihren inneren Ursachen erhoben werden kann. Da diese in den Bedürfnissen des Verkehrslebens und denen des Rechtsgefühls nicht zu suchen sind, und auch der Wortlaut des § 831, wie anfangs erwähnt, keinen Anhaltspunkt bietet, so bleibt als alleinige Möglichkeit, daß die Ursache in der juristischen Struktur des Gesetzes oder zum mindesten in dem, was die Rechtsprechung als solche angesehen hat, zu suchen ist. Es ist deshalb nunmehr zu prüfen, ob die juristische Konstruktion, die zu der extensiven Behandlung des Entlastungsbeweises geführt hat, wirklich eine Notwendigkeit bedeutet, die sich nur umgehen läßt, wenn man sich über das Gesetz selbst hinwegsetzt oder ob die Möglichkeit besteht, die als unbillig erkannte Sonderbehandlung des Großbetriebes durch die weite Ausdehnung des Entlastungsbeweises auf eine Weise zu vermeiden, die sich im Rahmen des Gesetzes hält.

Es ist naheliegend, in den zitierten Entscheidungen selbst, da diese nicht auf Billigkeitserwägungen gestützt sind, die juristische Konstruktion zu suchen, die die Ursache des kritisierten Ergebnisses ist. Diese ergibt sich denn auch aus ihnen in voller Klarheit. Wieder ist es die Entscheidung Bd. 78, S. 107ff., welche die ausführlichste und grundlegende Erklärung gibt. Sie stellt an den Anfang ihrer Begründung den Satz, daß „die Bestimmung des § 831 nicht eine Haftung für fremdes Verschulden, sondern eine solche für eigenes Verschulden des Haftpflichtigen festsetze, das jedoch vermutet werde und von ihm zu widerlegen sei". „Wenn ein Angestellter bei Ausführung der ihm aufgetragenen Verrichtung einem Dritten widerrechtlich einen Schaden zugefügt hat, so soll sein Geschäftsherr für den Schaden aufkommen, weil er, wie zunächst vom Gesetz vermutet wird, in der Auswahl des Angestellten, in der Beschaffung der etwa erforderlichen Gerätschaften oder in der etwa erforderlichen Leitung der ihm aufgetragenen Verrichtungen die im Verkehr erforderliche Sorgfalt vernachlässigt hat. Zur Haftung des Geschäftsherrn aus § 831 gehört es mithin, daß ein Verschulden nach den bezeichneten Richtungen denkbar ist."

Ebenso sagt beispielsweise RG. JW. 11, 979, 11:

„Die Haftung aus § 831 gründet sich nicht auf ein Verschulden der zu einer Verrichtung bestellten Person, sondern auf ein vom Gesetz vermutetes Verschulden des Geschäftsherrn . . . . ." (ebenso ferner u. a. RG.Warn. 1912 Nr. 74, Gruch. Beitr. 53, 1021 und neuerdings LZ. 23, 228 und Recht 23 Nr. 882).

In den am meisten benutzten Kommentaren und Lehrbüchern findet man dasselbe Bild. Am instruktivsten sind die Ausführungen des Kommentars der Reichsgerichtsräte[1]; hier heißt es: „dem äußeren Anschein nach nimmt § 831 eine Parallelstellung zu § 278 ein. Wie hiernach der Geschäftsherr für ein Verschulden der Hilfspersonen und Vertreter einzustehen hat, deren er sich zur Erfüllung einer Verbindlichkeit aus Vertrags- und vertragsähnlichen Verhältnissen bedient. . ., so scheint § 831 eine Haftung des Geschäftsherrn für widerrechtliche Eingriffe in einen fremden Rechtsbereich festzusetzen, deren sich seine Hilfspersonen bei den ihnen vom Geschäftsherrn aufgetragenen Tätigkeiten schuldig machen. Eine Ähnlichkeit dieser beiden Bestimmungen ist aber nur in deren Zwecke und Erfolge (!) gegeben. Die rechtliche Grundlage des § 831 ist von der des § 278 verschieden . . . . . . In § 831 hat der Geschäftsherr nicht das Verschulden der Hilfspersonen, sondern sein eigenes zu vertreten. Die Handlung, für die er einzutreten hat, ist die der Hilfsperson, das Verschulden, das diese Haftung begründet, sein eigenes.— Bei OERTMANN[2] wird ausgeführt, daß der selbst schuldlose Herr für seine Angestellten nicht haften solle, nur müsse er seine Schuldlosigkeit beweisen. Bis zur Führung dieses Gegenbeweises werde ein eigenes Verschulden des Bestellers sowie ferner Kausalzusammenhang zwischen diesem vermuteten Verschulden und dem eingetre-

[1] 5. A. § 831, Anm. 1.

[2] 3./4. A. 1910, § 831 Anm. 1.

tenen Schaden vermutet. Ähnlich heißt es bei STAUDINGER[1]: § 831 enthalte nicht eine Ausnahme vom Verschuldungsprinzipe, begründe auch keine Haftung für fremdes Verschulden, sondern stelle nur eine Präsumtion für das Verschulden des Geschäftsherrn . . . . . sowie für das Vorliegen des erforderlichen Kausalzusammenhangs auf, die durch Gegenbeweis entkräftet werden könne. Sehr klar ist endlich die Formulierung GOLDMANNS[2], es sei nicht korrekt, im Falle des § 831 von einer Haftung für „Dritte" oder gar „für fremdes Verschulden" zu sprechen; der Geschäftsherr hafte für den durch eigenes Verschulden, wenn auch nur mittelbar, verursachten Schaden, ähnlich wie Anstifter und Gehilfe (§ 830 Abs. 2) nicht für die fremde, sondern für die eigene Handlung hafteten. Im gleichen Sinne äußern sich ferner PLANCK[3], CROME[4], ENNECCERUS[5], SCHAPS[6], WARNEYER[7]; auch GIERKE in seinem Deutschen Privatrecht[8], der irrtümlich vom RGR.Kommentar als der Vertreter der Ansicht, daß § 831 eine abgeschwächte Verursachungshaftung enthalte, ausgeführt wird, erklärt ausdrücklich, daß es sich um eine durch Umkehr der Beweislast verschärfte Haftung aus eigenem Verschulden des Geschäftsherrn handele[9]. Von Verfassern von Monographien, die auf dem gleichen Standpunkt stehen, sind zu nennen: NÖLDEKE[10], BRÜCKNER[11], FEDER[12] und K. FISCHER[13].

Der Einfluß der Auffassung, daß in § 831 der Geschäftsherr für ein eigenes, vom Gesetz vermutetes Verschulden haften solle, auf die Behandlung des Entlastungsbeweises ist ohne weiteres klar und kommt auch in den zitierten Entscheidungen deutlich zum Ausdruck: „Die Vermutung eines Verschuldens des Geschäftsherrn muß eine Grenze da finden, wo nach den gegebenen Verhältnissen die Möglichkeit eines Verschuldens aufhört[14]." Das ist eben der Fall, wo eine sich mittels Zwischenpersonen aufbauende Verwaltungsorganisation besteht, weil es hier, wie es immer wieder heißt, dem Geschäftsherrn nicht mög-

---

[1] 1./8. A. § 831, Anm. 1.
[2] BGB. 2. A. § 342, I. 1.
[3] Vorbem. vor § 831.
[4] § 333, Anm. 5.
[5] I, 2 § 459.
[6] Seerecht, 2 A. § 485, Anm. 20.
[7] WARNEYER: 1923, § 831 Anm. IV.
[8] III. S. 927.
[9] Anders anscheinend in der Genossenschaftstheorie (S. 806 Anm. 2), wo ausgeführt wird, daß hier „streng genommen" eine Haftung für fremde Verursachung vorläge.
[10] NÖLDEKE: Die außerkontraktliche Haftung für fremdes Verschulden nach den §§ 831, 832 BGB., Gruch. Bd. 41, S. 766ff. (772).
[11] BRÜCKNER: Die privatrechtliche Haftung für das Verhalten anderer usw. Recht 01, 341.
[12] FEDER: Verantwortlichkeit für fremdes Verschulden nach dem BGB. S. 77. 1902,
[13] Die nicht auf den Parteiwillen gegründete Zurechnung fremden Verschuldens, S. 71.
[14] RGR. Komm. § 831, Anm. 5c.

lich und „nicht zuzumuten" sei, sein Personal selbst auszuwählen und selbst zu beaufsichtigen. Die Stellungnahme der Rechtsprechung und der herrschenden Lehre ist also auf ihrer Auffassung über den Haftungsgrund des § 831 begründet.

Hier ist zunächst die Frage dahin zu stellen, ob, wenn man die herrschende Ansicht über den Haftungsgrund als zutreffend unterstellt, das kritisierte Ergebnis der Rechtsprechung eine unvermeidliche Notwendigkeit bedeutet. Es ist auffallend, daß sich diese Fragestellung nirgends findet, vielmehr überall nur darum gestritten wird, ob der Geschäftsherr in § 831 für eigenes Verschulden oder aus einem anderen Rechtsgrunde hafte, und daß stets mit der Entscheidung hierüber ohne weiteres als entschieden gilt, ob bei Vorhandensein von Zwischenpersonen der weite Entlastungsbeweis Platz zu greifen habe oder nicht[1]). Es mag also unterstellt werden, daß der Geschäftsherr nur für eigenes Verschulden haften soll, ein Verschulden, das in schuldhaft unrichtiger Auswahl seiner Leute oder in schuldhaft versäumter Beschaffung der für die Arbeit erforderlichen Verrichtungen und Gerätschaften besteht. Aber der Geschäftsherr muß seine Schuldlosigkeit beweisen und bis zur Führung dieses Beweises wird seine Schuld vermutet! Diese Vermutung ist das Entscheidende. Sie bedeutet, daß der Geschäftsherr, mag er auch grundsätzlich nur für sein eigenes Verschulden haften, für widerrechtliche Handlungen seiner Hilfspersonen stets einzustehen hat, wenn er sein Nichtverschulden nicht beweist, also auch dann, wenn ein solches Verschulden in Wirklichkeit gar nicht bestanden hat und nur ein Beweisnotstand vorliegt[2]) Mangelndes Verschulden des Geschäftsherrn ist mithin unbeachtlich, wenn es nicht bewiesen wird. Wie der Geschäftsherr diesen Beweis erbringt, und ob die Größe seines Betriebes und die Zahl der in ihm beschäftigten Personen ihn zwingen, seine Auswahl- und Aufsichtspflichten anderen zu überlassen, was für ihn die Unmöglichkeit, sich zu entlasten, mit sich bringen kann, das alles gehört in den Gefahrenkreis des Geschäftsherrn. Das sind Fragen, die für die innere Organisation des Betriebes von Bedeutung sind, die aber bei der Prüfung der Frage, ob der Entlastungsbeweis als geführt anzusehen ist, völlig ausscheiden müssen. Hier ist meines Erachtens der grundlegende Fehler der Konstruktion der Rechtsprechung zu suchen, daß sie sich nicht darauf beschränkt zu fragen,

---

[1]) Lediglich bei Meyer: (a. a. O., Sp. 279) finde ich — nach Abfassung dieses Abschnitts — dieselbe Fragestellung, auf der sich dann auch dasselbe Ergebnis aufbaut, wie das, zu dem ich gelange.

[2]) Eine ähnliche Erwägung liegt bereits, was nie beachtet worden ist, den Motiven (II, 729) zugrunde: Hier heißt es: (die freie Beweiswürdigung) mag dazu führen, eine Verschuldung schon deshalb anzunehmen, wenn entschuldigende Tatsachen nicht vorliegen."

ob der Geschäftsherr sich von der Verschuldensvermutung des Gesetzes entlastet hat, sondern damit die vom Gesetz keineswegs geforderte Frage verbindet, warum ihm der Entlastungsbeweis nicht geglückt sei oder von vornherein nicht glücken könne. Denn nichts anderes bedeutet der in der Rechtsprechung übliche Hinweis darauf, daß es für den Geschäftsherrn nicht zumutbar sei, seine Angestellten selber auszuwählen und zu beaufsichtigen, und die daran geknüpften Folgerungen. Damit werden Billigkeitserwägungen im Gewande logischer Konstruktion in die Begründung hineingetragen, die zu einer bevorzugten Sonderstellung der größeren Betriebe führen müssen und sollen und die, wie darzulegen versucht worden ist, zu einem unzulänglichen und unbilligen Resultat führen. Ich komme deshalb zu dem Ergebnis, daß nicht allein das Rechtsbedürfnis, sondern auch der logische Inhalt des § 831 der Praxis der Rechtsprechung und der herrschenden Lehre entgegensteht. Der Geschäftsherr kann sich von der Haftung nicht dadurch befreien, daß er sich hinsichtlich der Person eines höheren Angestellten entlastet, der als Zwischenglied zwischen ihm und dem Schadenstifter fungiert. Hat er einen solchen eingesetzt, so ist dies vielmehr auf seine Gefahr geschehen und er muß ein Verschulden dieses Angestellten bei der Auswahl oder Beaufsichtigung des Schadenverursachers ebenso vertreten, wie wenn es sein eigenes wäre. Ebenso verhält es sich bei weiteren Zwischenpersonen, falls eine stufenartige Organisation des Betriebes besteht. Auch dann, wenn bei einer von ihnen gar kein Verschulden vorliegt, der Beweis für das Verschulden aber nicht zu erbringen ist, muß der Geschäftsherr dies nach dem bereits Ausgeführten gegen sich gelten lassen. Darnach ist also der in der Praxis zur Befreiung der größeren Betriebe von der Haftung zugelassene weite Entlastungsbeweis konstruktiv auch dann vermeidbar, wenn man von der Richtigkeit der herrschenden Ansicht ausgeht, daß § 831 den Geschäftsherrn für sein eigenes Verschulden haften lasse.

Es ist allerdings ohne weiteres zuzugeben, daß die hier entwickelte Konstruktion auf der anderen Seite — im ausgesprochenen Gegensatz zu den Ergebnissen der jetzigen Rechtsprechung — dazu führen muß, bei der Haftung aus § 831 die größeren Betriebe ungünstiger zu stellen, als die kleineren. Denn je mehr Zwischenpersonen der Geschäftsherr verwendet, umso größer ist naturgemäß sein Risiko, daß diese sich Unterlassungen zuschulden kommen lassen, für die er seinerseits einzustehen hat. Ob dieses Ergebnis, das zweifellos die Verschuldenshaftung, wenn sie dem § 831 zugrunde liegt, in einer großen Anzahl von Fällen praktisch in eine Gefährdungshaftung umwandelt, der Billigkeit entspricht, soll im Zusammenhang mit der Frage geprüft werden, ob der Haftungsgrund des § 831 tatsächlich das eigene Verschulden des Geschäftsherrn ist, wie die herrschende Lehre annimmt.

Es ist in der Literatur wiederholt untersucht worden, ob die Haftung des Geschäftsherrn für außervertragliche Schädigungen Dritter durch seine Angestellten auf dem Verschuldensprinzip oder einem anderen Haftungsgrunde beruhe. Naturgemäß ist diese Frage besonders häufig vor dem Inkrafttreten des BGB. in legislatorischer Hinsicht, meist angeregt durch die Regelung der für das rheinische Rechtsgebiet maßgebenden Art. 1384, 3 code civil, behandelt worden[1]). So haben sich mit der Bestimmung des Rechtsgrundes der Haftung für fremdes Verschulden besonders UBBELOHDE[2]), ENNECCERUS[3]), UNGER[4]), MÜLLER-ERZBACH[5]), MAX RÜMELIN[6]), BRODMANN[7]), TRÄGER[8]) und GIERKE[9]) beschäftigt[10]). Der Hinweis auf die Literatur mag an dieser Stelle genügen; die Grenzen für das, was im Rahmen dieser Untersuchung zu prüfen ist, dürfen hier eng gezogen werden: der Rechtsbegriff der Gefährdungshaftung in seinen großen Umrissen ist allgemein anerkannter Bestandteil jeder Rechtswissenschaft geworden; die Grenzen dieses Begriffs im einzelnen festzusetzen und zu untersuchen, wo er im geltenden Recht seinen Ausdruck gefunden hat, überschreitet die gestellte Aufgabe. Ferner sind rein legislatorische Erwägungen auszuscheiden, die ja gerade bei allen Fragen der Gefährdungshaftung eine besondere Rolle spielen, weil die Gefährdungshaftung kein fest bestimmtes juristisches Prinzip, sondern eine namentlich durch die Steigerung der Interessengegensätze der Neuzeit hervorgerufene Tendenz[11]) ist. Hier soll lediglich die eng begrenzte Frage untersucht werden, ob nach geltendem Recht, also unter Zugrundelegung des § 831 und seines Entlastungsbeweises, der Haftungsgrund bei außervertraglichen Schädigungen Dritter durch Angestellte größerer Betriebe als Verschuldens- oder als Verursachungshaftung zu konstruieren ist.

Im Hinblick auf die Regelung in § 831 ist diese Frage bisher verhältnismäßig selten aufgeworfen worden: die durchaus herrschende Lehre und einheitlich die gesamte Rechtsprechung nimmt, wie oben dar-

---

1) Vgl. bes. Verh. des 17. und 18. Dt. Juristentages und über die Vorarbeiten zum BGB. bes. NÖLDEKE: a. a. O. und JOVY: Arch.Bürg.R. 37, 78ff.

2) Z. f. HR. 7, 199ff.

3) 17. DJT. II. 99A.

4) Handeln auf eigene Gefahr, 2. A. 1893.

5) Arch.Ziv.Prax. 106, 309ff., 109, 1ff.

6) Schadensersatz ohne Verschulden.

7) Die Haftung des Schuldners nach § 278 BGB. usw. Jh. Jb. 58, 187ff.

8) Kausalbegriff im Straf- und Zivilrecht, 14, 294—324.

9) Genossenschaftstheorie, S. 802ff.

10) Für weitere Zitate vgl. den Literaturnachweis bei ENNECCERUS, I, 1. Anm. vor § 199; eine gute Übersicht über die wichtigsten Theorien gibt OSTWALD: Der Erfüllungsdiener, 1920 S. 16ff.

11) MÜLLER ERZBACH: a. a. O., S. 5/6.

gelegt, als ohne weiteres erwiesen an, daß dem § 831 das Verschuldensprinzip zugrunde liege, und gerade die bedeutendsten Vertreter der Gefährdungshaftungstheorie sind von dem vor dem BGB. maßgeblichen Rechtszustand ausgegangen. So erklärt es sich, daß nur die Gegner des Verschuldensprinzips den Gedanken der Gefährdungshaftung im Hinblick auf § 831 ausgeführt haben. Von Schriftstellern, die sich eingehender mit dem Problem beschäftigt haben, sind JOVY, DEETZ und OSTWALD zu erwähnen.

JOVY[1]) führt Gedankengänge MERKELS[2]) aus. Dieser hatte entwickelt, daß der Inhaber eines Geschäfts, eines Unternehmens jedenfalls in abstracto in der Lage sei, auf die Gestaltung der Wirkungen des Geschäftes oder Unternehmens einzuwirken, während der Dritte diesen gegenüber ohnmächtig und ohne jede Möglichkeit der Einflußnahme gegenüberstehe. Aus dieser Tatsache schließt MERKEL, daß die Verantwortlichkeit auch soweit reichen müsse, als die in abstracto gegebene Möglichkeit eines Einwirkens bestände. Ebenso, mit anderen Worten JOVY im Hinblick auf § 831[3]). Der Geschäftsherr sei derjenige, durch dessen Willen der im Interesse des Geschäftsherrn tätig werdende „andere" Handlungen vornehme, durch welche er in die Rechtskreise des Dritten eingreife. Indem der Geschäftsherr ihn mit der Ausführung der Verrichtung betraue, habe er zugleich die Ursache für den durch ihn angerichteten Schaden gesetzt. Wegen dieser Verursachung, nicht wegen einer Schuld am Schaden, hafte der Geschäftsherr.

Als die gründlichste und beste Arbeit über das Haftungsprinzip ist meines Erachtens der schon erwähnte Aufsatz des Kammergerichtsrats DEETZ über den Haftungsgrund bei den unerlaubten Handlungen des BGB.[4]) anzusehen. DEETZ geht zunächst im Gegensatz zur herrschenden Lehre davon aus[5]), daß § 831 nicht einen deliktischen Haftungsgrund enthalte, sondern in ihm ein neuer, selbständiger und nicht auf deliktischer Grundlage beruhender Haftungsfall zu erblicken sei. Er führt dann weiter aus[6]), daß es sich bei den Fällen der §§ 831—834, 836—838 um „alltägliche Lebensverhältnisse und Lebenslagen" handele und um natürliche Gefahren, die mit dem Lebensverhältnis als solchem verbunden seien. Es sei ein naheliegender und gesunder Rechtsgedanke, daß der Herr und Träger dieses natürlichen Tatbestandes oder Lebensverhältnisses die mit ihm verbundenen Gefahren tragen müsse. Die Rechtfertigung der Haftung aus diesem Grunde beruhe auf demselben

---

[1]) Der Begriff der „Bestellung" im § 831 des BGB. Arch. Bürg.R. 37, 78ff. (1912).

[2]) MERKEL: Kollision rechtmäßiger Interessen und die Schadenersatzpflicht bei rechtmäßigen Handlungen (1895), bes. S. 165.

[3]) bes. S. 126ff.

[4]) Gruch. Beitr. 64, 161ff. (1920).

[5]) Vgl. a. a. O., S. 174.

[6]) Vgl. a. a. O., S. 176ff.

Haftungsgrund, auf den die moderne Rechtsentwicklung in den gefährlichen Betrieben, wie Eisenbahn- und Bergwerksbetrieb und Kraftfahrbetrieb, eine Haftung aufgebaut habe. DEETZ polemisiert dann gegen die RÜMELINsche Theorie, die den Grund der Haftung in allen diesen Verhältnissen in einem dem Begriffe „Verschulden" parallel gebildeten „Gefährden" sehe, weil dieser Begriff bei der Anwendung auf nicht durch den Willen geschaffene, sondern kraft natürlicher Ordnung bestehende Verhältnisse versage; in UNGERS Gedanken des „Handelns auf eigene Gefahr" glaubt er zu sehr die Hervorhebung individualistischformalen Gesichtspunkte zu sehen. DEETZ erblickt in MERKELS Prinzip des aktiven Interesses und besonders in GIERKES Prinzip der Verbindung von Herrschaft und Haftung[1]) den dem § 831 innewohnenden Haftungsgrund. Dieser Haftungsgrundsatz, dem man auch die Bezeichnung einer Zustands- oder Leute-, Besitz-, Betriebshaftung oder Leute- und Unternehmerhaftung geben könne, sei derselbe, der in § 148 Pr.Berg.Ges. v. 24. 6. 1865 einen reinen und im Haftpflicht-G. und Kraftf.-G.[2]) einen nur die besonderen Fälle der „höheren Gewalt" oder des „unabwendbaren Zufalls" ausnehmenden Ausdruck gefunden habe[3]) [4]). Seine Ausstrahlungen ließen sich im Gebiet der Haftung des

[1]) Genossenschaftstheorie und Rechtsprechung, S. 805.

[2]) Vgl. neuerdings auch die Regelung des Luftverkehrsgesetzes v. 1. 8. 1922 (RGBl. I, S. 681 ff.), § 19, ferner § 8 des Telegraphen-Wege-Gesetzes vom 8. 12. 99.

[3]) Vgl. hierzu die Ausführungen über „Gefährdungshaftung" bei GIERKE: Deutsches Privatrecht, III, S. 914.

[4]) Hier ist auch die Haftung des Reeders für den Schaden zu erwähnen, den eine Person der Schiffsbesatzung einem Dritten durch ihr Verschulden in Ausführung ihrer Dienstverrichtungen zufügt (§ 485 HGB.). Dem Geschäftsherrn ist der Entlastungsbeweis nicht verstattet (vgl. SCHAPS-MITTELSTEIN: § 485, Anm. 21); es kommt nicht darauf an, ob ihm ein eigenes Verschulden zur Last fällt. Dagegen ist die Haftung des Geschäftsherrn nicht, wie in § 278, 831 BGB., eine unbeschränkte; der Reeder haftet vielmehr nur mit dem Schiffsvermögen (§ 486 Abs. 3); der Berechtigte ist Schiffsgläubiger (§ 754 Nr. 6). Über das Verhältnis der Haftung des § 485 HGB. zu der des § 831 BGB., vgl. SCHAPS: a. a. O., § 485, Anm. 20; über auf Abschaffung des § 485 gerichtete Bestrebungen, vgl. BRANDIS: Das deutsche Seerecht II. S. 124f. Die Regelung derselben Frage in § 3 BSchG stimmt wörtlich mit der des § 485 überein (vgl. hierzu Mittelstein, Binnenschiffahrtsrecht I, Seite 46 fg.), vgl. auch § 23 Flößereigesetzes.

Die Regelung der Haftung des Reeders im ausländischen Recht mag schon an dieser Stelle gestreift werden (vgl. hierzu MITTELSTEIN bei SCHAPS: a. a. O., Anm. 32). Nach C. de c. art. 216 ist der propriétaire d'un navire tenu envers les tiers à raison des actes et des faits du capitaine (LYON-CAËN & RENAULT [4]V no. 176). Das gilt auch dann, wenn der propriétaire nicht zugleich der armateur (Reeder) ist (Lyon-Caën & Renault [4]V. no. 192). Daneben gilt die Regel des C. civ. art. 1384. Entsprechend ist die Bestimmung des belgischen C. de c. (vgl. hierzu, insbesondere über das interessante Abandonrecht des Schiffseigentümers, MITTELSTEIN: HRZ. I, Beiheft 1, S. 3). — Nach englischem Recht ist der Eigentümer des Schiffes als solcher nicht verantwortlich für die Besatzung, sondern der employer

Staates für seine Beamten in gewissen Erscheinungen des Rechts des geistigen Eigentums, im Tumultgesetz u. a. verfolgen. Im BGB. sei dieser Grundsatz rein nur bei Tieren, die nicht Haustiere sind — seit der Novelle vom 30. Mai 1908 — und bei jagdbaren Tieren zum Ausdruck gelangt. Zusammenfassend gelangt DEETZ[1]) zu dem Ergebnis, daß „in dem Rechtssatze des § 831 lediglich eine Einschränkung grundsätzlicher allgemeiner Gefahrtragung durch den Geschäftsherrn für das Tun seiner „Leute" liegt, und zwar eine Einschränkung derart, daß eine Haftung nur eintreten soll, weil das Tun des Bestellten den Verdacht erweckt, daß der Geschäftsherr allgemeine Verkehrspflichten in bezug auf Auswahl usw. nicht sorgfältig erfüllt hat, und daß daher der Geschäftsherr, der solchen Verdacht entkräften oder als für den Schadenserfolg nicht maßgebend dartun kann, von der Haftung frei wird[2]).

Zu erwähnen ist endlich OSTWALD[3]), der ebenfalls im Anschluß an GIERKES Herrschaftstheorie den Haftungsgrund des § 813 als Haftung aus „Wirtschaft" konstruiert und infolge des Zusammenhanges von Wirtschaft und Verantwortlichkeit in § 831 eine — freilich beschränkbare — Haftung aus fremder Verursachung ausgesprochen findet.

(GIERKE selbst ist übrigens trotz seiner Herrschaftstheorie nicht zur Ablehnung der Verschuldenshaftung in § 831 gelangt; vgl. die bereits zitierte Stelle im Deutschen Privatrecht III, 2, 927, wo er eine Haftung aus eigenem Verschulden des Geschäftsherrn annimmt; auch in der Genossenschaftstheorie[4]), die man dagegen anführen könnte, heißt es

---

oder master für Verschulden seines servant („acting within the scope of his employment") (vgl. hierüber eingehend unten). — Die Haftung des Reeders konnte indessen in den meisten Fällen nicht praktisch werden, weil das Einheitskonnossement von 1912 bestimmte, daß für Ladungsdiebstähle dritter Personen überhaupt nicht, für Ladungsdiebstähle der Schiffsmannschaft nur bei Beweiserbringung durch den Ladungsbeteiligten gehaftet werde (Regel II, Ziffer 2). Den Beweis zu erbringen, daß das abhanden gekommene Gut gestohlen und zwar von Mitgliedern der Schiffsbesatzung gestohlem sei, war natürlich in den allermeisten Fällen den Ladungsinteressenten nicht möglich. Dieser Schutzlosigkeit soll durch die Haager Regeln von 1922 ein Ende gemacht werden: für Diebstähle der Besatzungsmitglieder als seiner „servants" (IV, 29), haftet der Reeder unbedingt (III 2, III 8); für Diebstähle Dritter haftet er grundsätzlich nicht. Doch muß er diese Sachlage dartun und beweisen, daß kein Verschulden seiner selbst oder seiner Leute mit im Spiel gewesen ist, und da dieser Beweis oft nicht zu erbringen sein wird, so wird er im Ergebnis vielfach auch das Diebstahlsrisiko zu tragen haben. Die gleiche erschwerte Beweislast trifft ihn bei Freizeichnung für vor der Einladung und nach Löschung der Güter erfolgte Diebstähle. Er haftet auch zwingend für „barratry" (Betrug zum Nachteil der Ladungsinteressenten); vgl. zum Vorstehenden WÜSTENDÖRFER: The Hague Rules 1922, bes. S. 31ff.

[1]) a. a. O., S. 178.

[2]) Im Ergebnis ähnlich, aber ohne ausreichende Begründung, ECKSTEIN: a. a. O., S. 114—117 (1916).

[3]) Der Erfüllungsdiener (1920), bes. S. 62ff., 77ff.

[4]) S. 806, Anm. 2.

nur: es läge „streng genommen" eine Haftung für fremde Verursachung vor.)

Bei der nunmehr vorzunehmenden Prüfung der Berechtigung des geschilderten Kausalitätsprinzips im Hinblick auf § 831 darf vorweg die Frage ausgeschieden werden, in welcher Gestaltung dieses Prinzip am ehesten dem geltenden Recht eingefügt werden kann. Ob man in der hier zu behandelnden Frage von dem Begriff des „Gefährdens" oder des „Handelns auf eigene Gefahr" oder von GIERKEschen Gedankengängen ausgeht, ist von rein theoretischem Interesse. Es mag deshalb die Bemerkung genügen, daß mir die bei DEETZ und OSTWALD hervortretende Betonung sozialrechtlicher Elemente der Rechtsentwicklung am ehesten zu entsprechen scheint.

Es kann nun keinem Zweifel unterliegen, daß die Anwendung der Gefährdungs- und Herrschaftstheorie auf § 831 nicht der Absicht der Gesetzgeber entspricht. Das lehrt deutlich die Entstehungsgeschichte des BGB.; auf die Wiedergabe der diesbezüglichen Stellen in den Motiven und Protokollen darf indessen hier unter Hinweis auf die ausführliche Darstellung JOVYS[1]) verzichtet werden. Die radikal gegen das Prinzip der Verschuldenshaftung gerichteten Bestimmungen der §§ 711, 712 des Entwurfes, von denen es in der Begründung[2]) heißt: „Dem Rechtsbewußtsein der Gegenwart entspreche der Satz, daß derjenige, der sich eines anderen zur Verrichtung bediene, dafür sorgen müsse, daß durch die Ausführung der Verrichtung ein Dritter nicht Schaden leide. Denn die Ausführung sei auch Angelegenheit des Geschäftsherrn und der Geschädigte könne deshalb wegen seiner Ersatzansprüche nicht ohne weiteres an den Ausführenden verwiesen werden", sind gegenüber dem wiederholt ausgesprochenen Grundsatz, daß eine reine Kausalhaftung des Geschäftsherrn einem „geläuterten Rechtsgefühl" widerstrebe, nicht durchgedrungen[3]).

Damit ist jedoch die Frage, ob der Haftungsgrund des § 831 die Verschuldens- oder Gefährdungshaftung sei, selbstverständlich nicht entschieden. Gerade diese Frage ist in besonderem Maße ungeeignet, durch Ermittelung des Willens eines vor mehr als 25 Jahren tätig gewesenen „Gesetzgebers" entschieden zu werden. Die Gefährdungshaftung ist eben, um die bereits zitierten Worte MÜLLER-ERZBACHS anzuführen, kein fest bestimmtes juristisches Prinzip, sondern eine namentlich durch die Steigerung der Interessengegensätze der Neuzeit hervorgerufene Tendenz. Die Herrschaftstheorie ist in diesem Sinne nichts anderes als die Gefährdungstheorie unter besonderer Hervorhebung deutschrechtlicher Gesichtspunkte; mögen diese auch rechts-

[1]) a. a. O., S. 113ff., 121ff., vgl. auch OSTWALD: a. a. O., S. 14.

[2]) Vgl. MUGDAN: Materialien zum BGB. II, S. 109.

[3]) a. M. JOVY: a. a. O., 123f.

geschichtlich weit zurückzuführen sein, so bedeutet ihre Anwendung im geltenden Rechte, wie ein Blick auf die Entscheidungen der Gerichte lehrt[1]), doch ebenfalls „eine durch die Neuzeit hervorgerufene Tendenz". Aus dieser Erwägung heraus ist das Problem, ob § 831 das Verschuldens- oder Gefährdungsprinzip (im weitesten Sinne) zum Ausdruck bringt, auch unter dem Gesichtspunkt zu prüfen, ob die Entwicklung der Wirtschaftslage und des Rechtes selbst nicht eine Umgestaltung des ursprünglichen Verschuldensgrundsatzes zur Gefährdungshaftung mit sich gebracht haben.

Diese Umgestaltung wird offensichtlich, wenn man die Entwicklung des Haftungsträgers des § 831, des „Geschäftsherrn" ins Auge faßt. Die Darstellung hat bereits gezeigt, daß dieser „Geschäftsherr" nicht etwa ein bestimmtes Rechtssubjekt ist, vergleichbar etwa dem bonus pater familias, daß es vielmehr bei dem jetzigen Stande der Recht sprechung für die Haftung einen grundlegenden Unterschied bedeutet, ob der Geschäftsherr ein kleiner Handwerker oder ein großes Unternehmen ist. Hier wird deutlich, wie die Entwicklung des modernen Wirtschaftslebens notwendig zur Folge hatte, daß der Normaltyp des für den Schadenstifter verantwortlichen Geschäftsherrn eine Umgestaltung erfuhr. Mehr und mehr ist das Handwerk, der Kleinbetrieb, von dem zu immer stärkerer Konzentration sich entwickelnden Großbetrieb zurückgedrängt worden; das unpersönliche Unternehmen steht mit seinen Bergwerken und Fabriken, Warenhäusern und Bankbetrieben dem kleinen Unternehmer, dem pater familias im eigentlichen Sinn im Kampf gegenüber; immer größer wird die Zahl der Unselbständigen und immer kleiner die der Selbständigen. Es mag müßig erscheinen, auf diese allgemein bekannten Tatsachen hinzuweisen. Und doch liegt m. E. in ihnen der verkannte Kernpunkt der Haftungsgrundlage in § 831, verkannt auch von den zitierten Vertretern der Herrschaftstheorie. Zwar wird von ihnen die eben berührte Entwicklung der Wirtschaft in ihrer grundsätzlichen Bedeutung für die Auslegung des § 831 erfaßt. Aber ihre Folgerungen sind — im Gegensatz zu der noch zu erörternden französischen Literatur — zu weitgehend, da sie aus ihr de lege lata Schlüsse gezogen haben, die sich über das Fortbestehen der kleinen handwerksmäßigen und ähnlichen Unternehmen hinwegsetzen.

Dies ist näher zu begründen: die Vertreter der Gefährdungs- und Herrschaftstheorie kommen, wie sie auch konstruktiv ihre Ansicht begründen mögen, im Grunde doch stets aus praktischen Erwägungen

---

[1]) Als letzte Stufe ist zur Zeit die in RG. 106, 273ff. durchgeführte Konstruktion der „Betriebsgemeinschaft" anzusehen, die zu einer Mitbeteiligung der Arbeitnehmerschaft am Risiko des Unternehmens führen soll.

heraus zu ihren gegen das Verschuldensprinzip gerichteten Angriffen, der Erwägung besonders, daß das Verschuldensprinzip bei den größeren Unternehmen eine „lebensfremde, inhaltsleere Konstruktion sei[1])". Sie übersehen in dem Bestreben, dem Verursachungsprinzip eine möglichst breite Basis zu schaffen, daß diese Kritik in den Fällen, in denen der Geschäftsherr im kleinen Betriebe seine Angestellten zu Verrichtungen bestellt, nicht ohne weiteres zutrifft. Für diese Verhältnisse gilt vielmehr, da der Geschäftsherr hier persönlich Auswahl, Leitung und Aufsicht seiner Leute zu besorgen hat, das ursprüngliche dem § 831 innewohnende Prinzip des vermuteten eigenen Verschuldens. Es bedeutet meines Erachtens eine völlig unmögliche Konstruktion, in diesen Lebensverhältnissen das Verschuldensprinzip in § 831 wegleugnen zu wollen. Die Vertreter der Herrschafts- und Gefährdungstheorie sind sich dessen auch im Grunde bewußt. Sie bestreiten ja letzten Endes nicht, daß ursprünglich der Haftungsgrund des § 831 als eigenes vermutetes Verschulden des Geschäftsherrn gedacht war, sondern leiten, wie erwähnt, ihre Konstruktion aus den unzulänglichen Ergebnissen ab, die das Verschuldensprinzip bei durch Angestellte größerer Betriebe hervorgerufenen Schädigungen zeitigt. Sie übersehen, daß dies nur Folgerungen über den Haftungsgrund bei Betrieben zuläßt, die eine mittels Zwischenpersonen sich aufbauende Verwaltungsorganisation haben, nicht aber in den Fällen, bei welchen die dem Geschäftsherrn vom Gesetz auferlegten Sorgfaltspflichten von diesem in eigener Person wahrgenommen werden können. Die übereinstimmende Fehlerquelle bei sämtlichen Vertretern des Verursachungsprinzips in § 831 ist somit m. E. darin zu erblicken, daß sie stillschweigend unterstellen, der Haftungsgrund des § 831 müsse ein einheitlicher sein, daß der Umstand, daß bei größeren Betrieben die Änderung der wirtschaftlichen Verhältnisse eine Umwandlung der Verschuldens- zur Verursachungshaftung bewirkt habe, dieselbe Folge notwendigerweise auch für die kleinen Betriebe auslöse müsse, in welchen der Geschäftsherr selbst seine Angestellten beaufsichtigen kann.

Es besteht keinerlei Notwendigkeit, heute noch von einem einheitlichen Haftungsgrund des § 831 zu reden. Die wirtschaftlichen Verhältnisse zeigen deutlich genug, daß bei dem großen Unternehmen andere Haftungsmaßstäbe angelegt werden müssen als beim kleinen Handwerker. Es ist zuzugeben, daß zur Zeit des Inkrafttretens des BGB. seinen Schöpfern auch schon Großbetriebe vor Augen gestanden haben, die sie hätten veranlassen können, die Haftungsfrage bei den sich auf Zwischenpersonen aufbauenden größeren Betrieben in besonderer Weise zu regeln. Daß dies nicht geschehen ist, beweist lediglich,

[1]) Deetz: a. a. O., S. 181.

daß man damals die Folgen einer schematischen unterschiedslosen Behandlung der „Geschäftsherren" im Banne romanistischer Theorien, die auf ganz andere Verhältnisse berechnet waren, nicht erkannt hat. Es hindert dies aber nicht, heute, nachdem der Gegensatz zwischen Groß- und Kleinbetrieben sich immer schärfer ausgeprägt hat, diesen veränderten Verhältnissen Rechnung zu tragen und nur da noch von Verschuldenshaftung zu reden, wo ein Verschulden des Geschäftsherrn im Einzelfall wirklich in Erscheinung treten kann. Die Annahme eines wirklichen Verschuldens des Geschäftsherrn bedeutet nach dem oben Ausgeführten bei allen auf Zwischenpersonen sich aufbauenden Organisationen (und nur bei diesen!) eine blutleere Konstruktion. Dies zeigt sich an dem aus § 831 zu führenden Entlastungsbeweis ebenso wie bei der vom Reichsgericht zum Ausgleich für die entfallende Haftung aus § 831 angenommenen Aufsichtspflichten, die zur Haftung aus § 823 führen sollen. § 831 ist auf diese komplizierten Lebensverhältnisse nicht zugeschnitten. Wo die Größe des Betriebes den Geschäftsherrn zwingt, sich bei der Bestellung und Beaufsichtigung seiner Hilfspersonen von anderen vertreten zu lassen, ist es schief, noch von einem eigenen Verschulden des Geschäftsherrn zu reden, wenn die von ihm mit der Auswahl seiner Leute betraute Zwischenperson den an und für sich ihm obliegenden Entlastungsbeweis nicht erbringen kann. Diese Konstruktionsschwierigkeit darf nicht die Folge haben, die Haftung des Geschäftsherrn aus § 831 in diesen Fällen, wie es die Rechtsprechung tut, praktisch fast unmöglich zu machen. Sie beweist lediglich, daß da, wo sich zwischen den Geschäftsherrn und den Verletzten eine oder mehrere Zwischenpersonen einschieben, der Haftungsgrund nicht mehr im Verschuldens- sondern in einem — durch die Entlastungsmöglichkeit abgeschwächten — Verursachungsprinzip zu erblicken ist. In dieser Begrenzung sind m. E. die Gedankengänge von Deetz mit dem geltenden Recht in Einklang zu bringen. Wenn dem Geschäftsherrn hier etwas zum Vorwurf gereicht, so ist dies nicht eine Schuld am Schaden, sondern die aus dem Schadensfall abgeleitete Vermutung der mangelnden Erfüllung allgemeiner Pflichten. In der Hauptsache ist aber entscheidend, daß die Verantwortlichkeit für den Schaden den Unternehmer oder das Unternehmen selbst als Träger des Lebensverhältnisses nach dem Willen des Gesetzes treffen soll, nicht aber nur den Angestellten, bei welchem sich noch ein Verschulden nachweisen läßt. Wo also die tatsächlichen Umstände von vornherein ein eigenes Verschulden des Geschäftsherrn ausschließen, gilt auch für § 831 der Satz, daß der Geschäftsherr, der sich bei einer an sich ihm obliegenden Tätigkeit eines Gehilfen bedient, für dessen Tun und Lassen einzustehen hat — mit der durch das Gesetz gegebenen Einschränkung, daß die Haftung entfällt, wenn er nachweist, daß seine

Hilfspersonen mit der im Gesetz erforderten Sorgfalt verfahren haben (nicht jedoch, wie es seitens der Gerichte geschieht, durch den Beweis, daß er seine Zwischenpersonen ordnungsgemäß ausgesucht und beaufsichtigt habe). Damit ist konstruktiv bei diesen mittelbaren Rechtsverhältnissen die ursprüngliche Verschuldenshaftung des Geschäftsherrn zu einer aus dem Herrschafts- und Gefährdungsgedanken heraus abzuleitenden — gemilderten — Verursachungshaftung geworden. In den Verhältnissen dagegen, wo der Geschäftsherr selber seine Leute auswählt und beaufsichtigt und eventuell leitet, bleibt es, wie nochmals betont sei, bei dem Verschuldensprinzip als Haftungsgrund, dem nur die Umkehrung der Beweislast eigentümlich ist.

Ist man sich darüber im klaren, daß die wirtschaftlichen Verhältnisse eine Lage geschaffen haben, die notwendig dazu führen muß, bei größeren und kleineren Betrieben trotz Anwendung derselben Gesetzesbestimmung einen verschiedenen Haftungsmaßstab anzulegen, so ist auch die oben aufgeworfene Frage, ob die nach der hier vertretenen Ansicht bestehende größere Schwierigkeit der Entlastung für größere Unternehmen gerechtfertigt erscheint, ohne weiteres beantwortet. Denn es ist selbstverständlich, daß der Geschäftsherr mit der Vergrößerung seines Betriebes und der damit erreichten größeren Machtentfaltung gleichzeitig eine Erhöhung seines Risikos in Kauf nehmen muß, daß er nämlich Handlungen, die er selbst ordnungsmäßig bei kleinerem Betriebe vornehmen könnte, anderen zu überlassen und für den durch sie angerichteten Schaden einzustehen gezwungen ist. Der Gedanke der Herrschaftstheorie, daß der Träger eines Lebensverhältnisses die mit diesem verbundenen Gefahren tragen solle, schließt die innerlich durchaus gerechtfertigte Folge ein, daß das Gefahrenrisiko um so größer ist, je umfassender das Lebensverhältnis. Damit erscheint auch auf diesem Wege das gewonnene Ergebnis gerechtfertigt und das der Rechtsprechung widerlegt.

Die Untersuchungen dieses Abschnitts sind kurz dahin zusammenzufassen: Das unzulängliche Ergebnis der Rechtsprechung ist auch konstruktiv nicht haltbar. Selbst wenn man mit der Rechtsprechung als einheitlichen Haftungsgrund des § 831 das Verschuldensprinzip ansieht, steht die weite Ausdehnung des Entlastungsbeweises und die dadurch erreichte Besserstellung der größeren Betriebe in der Haftungsfrage mit der gesetzlichen Regelung nicht im Einklang. Der Haftungsgrund des § 831 ist kein einheitlicher. Beim Kleinbetrieb liegt der Haftung der Verschuldensgedanke zugrunde. Wo eine auf Zwischenpersonen errichtete Verwaltungsorganisation besteht, ist eine abgeschwächte Kausalitatshaftung des Geschäftsherrn aus dem Gedanken heraus anzunehmen, daß der Geschäftsherr als Träger des Lebensverhältnisses für die innerhalb desselben entstehenden Schadensfälle verantwortlich ist. Das hat zur Folge, daß der Entlastungsbeweis nicht darauf zu richten ist, daß die mit der Auswahl und Beaufsichtigung der schadenstiftenden Personen betrauten Hilfskräfte ordnungsgemäß ausgewählt und beaufsichtigt worden sind, sondern darauf, daß diese oder die von ihnen wieder Beauftragten, die an sich dem Geschäftsherrn obliegenden allgemeinen Pflichten in derselben Weise erfüllt haben, wie dies das Gesetz vom Geschäftsherrn in § 831 verlangt.

Es ist zu hoffen, daß der Senat des Reichsgerichts, der die Erbschaft des aufgelösten VI. Senats angetreten hat, mit der alten Praxis bei der Behandlung des Entlastungsbeweises aufräumt und ein gerechteres und den Verhältnissen des modernen Wirtschaftslebens gemäßes Ergebnis ermöglicht[1] [2]).

§ 4. Die außervertragliche Haftung für Angestellte im ausländischen Recht.

Im Rahmen des hier gestellten Themas kann sich die Untersuchung, wenn sie sich in das Gebiet der Rechtsvergleichung begibt, naturgemäß nicht darauf beschränken, das Vorkommen eines dem des § 831 entsprechenden Entlastungsbeweises nachzuprüfen. Die Frage ist vielmehr hier allgemein dahin zu stellen, ob die der deutschen Rechtsprechung eigentümliche verschiedenartige Behandlung der Groß- und Kleinbetriebe in der Haftungsfrage auch im ausländischen Recht nachweisbar ist, und auf welchem Wege das fremde Recht sei es nun zu einer der deutschen Praxis entsprechenden oder zu einer gleichmäßigen Haftung für schadenstiftende Handlungen von Angestellten gelangt. Es darf vorweg bemerkt werden, daß sich die rechtsvergleichende Darstellung hier im wesentlichen auf die Prüfung der wichtigsten fremden Rechtskreise, insbes. auf das französische und anglo-amerikanische Recht beschränkt und daß die Untersuchung auch in dieser Beschränkung nur eine lückenhafte sein konnte. Es handelt sich bei dem hier untersuchten Thema um so verschiedenartige Lebensverhältnisse, daß

---

[1]) Eine Plenarentscheidung braucht bei beabsichtigtem Abweichen von einer Ansicht des VI. Senats nicht herbeigeführt zu werden: RG. 108, 59.

[2]) Besondere Schwierigkeiten entstehen bei der Anwendung des § 831 BGB. und seines Entlastungsbeweises auf Mitglieder von nichtrechtsfähigen Vereinen und Gesellschafter von Gesellschaften des bürgerlichen Rechts. Da die hier sich erhebenden Fragen eine eingehende, bisher in der Literatur nicht erfolgte Behandlung des Haftungsproblems bei der Gemeinschaft zur gesamten Hand überhaupt voraussetzt und dies über die Grenzen des hier gestellten Themas hinausgehen würde, habe ich auf die Untersuchung dieses Fragenkomplexes im Rahmen der vorliegenden Abhandlung verzichten müssen. Ich habe mich darauf beschränkt, auf das Problem selbst anläßlich der Behandlung der Haftung von Berufsvereinen im anglo-amerikanischen Recht (S. 56), die zu einem Vergleich mit der deutschen Praxis zwingt, hinzuweisen.

kein Gesetz imstande ist, sie lückenlos zu regeln, vielmehr die Ausgestaltung des im Prinzip ausgesprochenen Grundsatzes, wie wir dies bereits im deutschen Recht verfolgt haben, der Rechtsprechung überlassen muß. Das hat für die rechtsvergleichende Untersuchung den Nachteil, daß bei der Beschränktheit des zur Verfügung stehenden Materials leicht wichtige Ergebnisse der fremden Rechtsprechung und besonders Gegensätze und Veränderungen in ihr übersehen werden können. Diese Gefahr ist naturgemäß bei der Betrachtung des angloamerikanischen Rechtes besonders schwer zu vermeiden.

Von Rechtssystemen, die gesetzlich eine dem § 831 entsprechende Regelung enthalten, ist in erster Linie das der Schweiz zu erwähnen[1]). Art. 55 Schweiz.ZGB. vom 10. Dezember 1907 bestimmt:

„Der Geschäftsherr haftet für den Schaden, den seine Angestellten ober Arbeiter in Ausübung ihrer dienstlichen oder geschäftlichen Verrichtungen verursacht haben, wenn er nicht nachweist, daß er alle nach den Umständen gebotene Sorgfalt angewendet habe, um einen Schaden dieser Art zu verhüten, oder daß der Schaden auch bei Anwendung dieser Sorgfalt eingetreten wäre. Der Geschäftsherr kann auf denjenigen, der den Schaden angestiftet hat, insoweit Rückgriff nehmen, als dieser selbst schadensersatzpflichtig ist."

Die Fassung des Art. 55 zeichnet sich gegenüber der des § 831 zunächst dadurch aus, daß der Inhalt des Entlastungsbeweises viel allgemeiner gefaßt ist, als dies in § 831 der Fall ist. Dadurch wird die oben behandelte, für den Geschädigten ungünstige Prozeßlage des deutschen Rechts vermieden, daß dieser, wenn ein Mangel in der allgemeinen Organisation des Betriebes behauptet wird, einen solchen beweisen muß, um den Geschäftsherrn aus § 823 haftbar zu machen. Nach schweizer Recht untersteht auch dieser Fall dem Art. 55, so daß dem Geschäftsherrn der Beweis für sein Nichtverschulden obliegt. Allerdings ist die materielle Rechtslage für den Geschäftsherrn günstiger als gemäß § 823, da ihm nach schweizer Recht auch in diesem Falle der Entlastungsbeweis aus Art. 55 offen steht.

Interessant ist ferner die der deutschen Rechtsauffassung selbstverständliche Gleichbehandlung der juristischen und natürlichen Personen in der Haftungsfrage. Das frühere Schweizer Obligationenrecht hatte

---

[1]) Das portugiesische Recht (Art. 2377) stimmt, wie der Vollständigkeit halber erwähnt sei, mit § 831 überein. Das holländische, im übrigen dem Art. 1384 Code civil entnommene Recht läßt (wie übrigens auch das alte badische Recht – Landrechtssatz 1384 Abs. 5) für maîtres und commettants den Nachweis zu, daß sie die den Schaden verursachende Tat nicht verhindern konnten (Art. 1403); vgl. hierzu Kerdyck: über Haftpflichtgesetzgebung im Königreich der Niederlande, Schriften des V. f. Sozialpolitik, 19, 49ff.; ebenso Art. 715 des japanischen BGB. vom 28. IV. 1896.

hier nämlich noch geschieden. Sein Art. 63 enthielt eine besondere Vorschrift über die Verantwortlichkeit der juristischen Personen, da es von der damals herrschenden Fiktionstheorie ausging. Dem ZGB. liegt die Organtheorie zugrunde; eine besondere Erwähnung der juristischen Personen, die aller Rechte und Pflichten fähig sind, die nicht die natürlichen Eigenschaften eines Menschen zur Voraussetzung haben (Art. 53 ZGB.), war damit überflüssig geworden[1]). Es gilt somit die gerade bei der Haftung größerer Betriebe wichtige — dem deutschen Recht selbstverständliche — Voraussetzung, daß die juristische Person ebenso wie die physische haftet; lediglich die Handlungen ihrer Organe muß sie wie in §§ 31, 89 BGB. als ihre eigenen anerkennen und besitzt keine Möglichkeit, sich hier zu exkulpieren.

Die schweizer Literatur hebt ferner den oben für das deutsche Recht schon besonders betonten und von der deutschen Rechtsprechung m. E. vernachlässigten Umstand hervor, daß der Geschäftsherr auch haften könne, wenn er den Schaden nicht verschuldet habe, nämlich dann, wenn er sich in einem Beweisnotstand befinde und sein Nichtverschulden nicht nachweisen könne[2]).

Eine wichtige Tatsache ist schließlich der Entstehungsgeschichte des schweizer Gesetzes zu entnehmen (Art. 63). Im früheren Recht war zur Führung des Entlastungsbeweises vom Geschäftsherrn der Nachweis — wie in § 831 BGB. — zu erbringen, daß er die „erforderliche" Sorgfalt beobachtet habe. Die Rechtsprechung hatte den Begriff der „erforderlichen Sorgfalt" nun in einer Weise ausgelegt, die in den meisten Fällen zu einer Unmöglichkeit des Exkulpationsbeweises und damit praktisch zu einer nur in seltenen Fällen abschwächbaren Gefährdungshaftung führen mußte[3]). Die schweizer Rechtsprechung ist also damals auf der Basis eines im Wesentlichen gleichen Gesetzeswortlautes zu den entgegengesetzten Ergebnissen wie die deutsche Praxis gelangt! Im ZGB. hat man dann, indem man von landwirtschaftlicher Seite gegen die Erschwerung des Entlastungsbeweises gerichteten Forderungen Rechnung trug, aus dem Nachweis der „erforderlichen" den im § 55 enthaltenen Nachweis der „gebotenen" Sorgfalt gemacht, in der ausgesprochenen Absicht, damit eine Erleichterung des Entlastungsnachweises zu schaffen. Diese Rechtsentwicklung gewährt einen guten Einblick in die der deutschen Rechtsprechung in dieser Frage entgegengesetzte Tendenz der schweizer Praxis, das Verschuldensmoment zurückzudrängen; eine Tendenz, die

---

[1]) Vgl. EGGER, ESCHER, OSER, REICHEL: Komm. z. Schweiz. ZGB., Zürich 1915, Art. 55 Anm. I, 4; v. TUHR: Allgem. Teil des Schweizerischen Obligationenrechts, Tübingen 1924, I. S. 355ff.

[2]) Vgl. OSER: a. a. O., Art. 55 Anm. V, 1a. v. TUHR: a. a. O., S. 353.

[3]) Vgl. OSER: a. a. O., Anm. V. 2.

naturgemäß für eine verschiedenartige Behandlung der großen und kleinen Unternehmer keinen Raum bot.

Die in Art. 55 ZGB. mit der Abänderung der „erforderlichen" Sorgfalt zur „gebotenen" vorgenommene Revision des Entlastungsbeweises hat indessen nicht dazu geführt, der Absicht der Gesetzgeber entsprechend eine Änderung in der Praxis der schweizer Gerichte zu veranlassen, die unter Umständen auch eine bedürftige Behandlung der größeren Betriebe ausgelöst hätte. Im Gegenteil! Die neuere Praxis ist zu einer noch strengeren Auffassung der dem Geschäftsherrn obliegenden Pflichten gelangt, die, wie v. TUHR[1]) hervorhebt, geradezu zu einer Negierung der bis dahin vorherrschenden Ansicht, daß der Art. 55 auf eigenem Verschulden des Geschäftsherrn beruhe, geführt hat. Das Bundesgericht und die Kommentare[2]) sehen jetzt den Entlastungsbeweis nur dann als erbracht an, wenn alle nach den Umständen gebotenen Vorsichtsmaßregeln vorgenommen waren, ohne Rücksicht darauf, ob bei Unterbleiben dieser Maßregeln den Geschäftsherrn ein Verschulden trifft oder nicht. „Sorgfalt" im Sinne des Art. 55 soll nicht Gegenteil der Fahrlässigkeit sein und eine pflichtgemäße Willensbetätigung bedeuten, sondern eine Summe objektiv gebotener Maßregeln. Demgemäß haftet der Geschäftsherr nicht nur, wenn er nicht beweisen kann, daß er die erforderliche Sorgfalt beobachtet hat, sondern auch, wenn er durch irgendwelche Umstände gehindert war, die gebotenen Maßnahmen zu treffen. Bei dieser Auffassung der Sorgfalt kommt es auf die Urteilsfähigkeit des Geschäftsherrn nicht an; er haftet, wenn die gebotenen Maßnahmen durch seinen gesetzlichen Vertreter versäumt sind. Damit setzt sich die Praxis über den Wortlaut des Art. 55 hinweg, wonach die Haftung ausgeschlossen ist, wenn „er", der Geschäftsherr, die gebotene Sorgfalt beobachtet hat. Da es nach ihrer Auffassung auch die subjektive Seite, d. h. ein Verschulden des Geschäftsherrn nicht ankommt, ist die Haftung nur dann ausgeschlossen, wenn objektiv nicht nur von Seiten des Geschäftsherrn, sondern aller in seinem Betriebe angestellten Personen das „Gebotene" geschehen ist[3]). Auf diese Weise vermeidet die schweizer Praxis, wie in Parenthese bemerkt sei, die oft getadelte[4]) Auffassung des Reichsgerichts und des Kommentars der RGR.[5]), daß „die Haftung nach § 831 ausgeschlossen sei, wenn dem Geschäftsherrn die freie Willensbestimmung oder die zur Erkenntnis seiner Verantwortlichkeit erforderliche Einsicht fehlte."

Diese Auslegung des schweizer Bundesgerichts gelangt endlich notwendigerweise zu dem für unsere Untersuchung besonders wichtigen Ergebnis, daß der Geschäftsherr ohne weitere Entlastungsmöglichkeit

---

[1]) a. a. O. S. 353ff. [2]) Vgl. v. TUHR: a. a. O. S. 353, Anm. 17—19.

[3]) Vgl. v. TUHR: a. a. O., S. 354, 22.

[4]) Vgl. bes. MEYER: a. a. O., Sp. 280ff. [5]) § 831 Anm. 1.

hafte, wenn er bei einem größeren Betriebe die zur Sorgfalt gehörenden Maßregeln nicht selbst vornehmen kann, sondern einem Angestellten (z. B. einem Vermögensverwalter oder Fabrikdirektor) überlassen muß und von diesen Personen die gebotene Sorgfalt in der Überwachung der Angestellten und Arbeiter versäumt wird[1]). Das schweizer Recht gewährt so ein gutes Beispiel dafür, wie ein hochentwickeltes Recht auf der Grundlage eines im wesentlichen dem § 831 entsprechenden Gesetzeswortlautes die auf eine Überbewertung des konstruktiven Elements zurückzuführenden unbefriedigenden Ergebnisse der deutschen Rechtsprechung zu vermeiden wußte.

Kurz zu erwähnen ist die Regelung der Haftungsfrage im österreichischen ABGB. vom 1. Juni 1811. In § 1310 ist der Grundsatz aufgestellt, daß im allgemeinen niemand für durch andere verursachte Schäden einzustehen habe, dann heißt es in § 1314:

„Wer eine Dienstperson ohne Zeugnis aufnimmt oder wissentlich eine durch ihre Leibes- oder Gemütsbeschaffenheit gefährliche Person im Dienst behält oder ihr Aufenthalt gibt, haftet dem Hausherrn und den Hausgenossen für den Ersatz des durch die gefährliche Beschaffenheit dieser Personen verursachten Schadens.'

§ 1315: Ebenso haftet derjenige, welcher sich einer untüchtigen oder wissentlich einer gefährlichen Person zur Besorgung seiner Angelegenheiten bedient, für den Schaden, den sie in dieser Eigenschaft einem Dritten zufügen" [2]). —

Abgesehen von denen UNGERS bleiben die Untersuchungen der österreichischen Literatur über den in den §§ 1314, 1315 ABGB. zum Ausdruck gelangten Haftungsgrund an der Oberfläche; zu erwähnen sind KRASNOPOLSKI[3]), der in ihnen das Gefährdungsprinzip verwirklicht sieht, und v. RANDA[4]), der sich für die Verschuldenshaftung entscheidet.

Der wesentliche praktische Unterschied zwischen der Regelung des österreichischen Rechts auf der einen, des deutschen und schweizer Rechts auf der anderen Seite ist darin zu erblicken, daß dem österreichischen Recht die prozessuale Vorzugsstellung des Geschädigten durch Umkehr der Beweislast ermangelt. Die Beweislast trifft hier den Beschädigten (§ 1296). Das macht die Regelung des österreichischen Rechts zu dem unbrauchbarsten unter den ausländischen Rechten[5]), [6]).

---

1) v. TUHR: a. a. O., S. 354.

2) Vgl. hierzu im einzelnen v. MAYR: Lehrbuch des bürgerl. Rechts. II § 428. Reichenberg 1923.

3) Österr. Obligationsrecht. S. 1803. Leipzig 1910.

4) Die Schadensersatzpflicht nach österr. Recht. S. 90ff. Wien 1907.

5) Die ablehnende österr. Literatur vgl. bei v. RANDA: a. a. O., S. 92, vgl. auch UNGER: a. a. O., S. 569.

6) Die Praxis (OGA. Sammlung XXV. Nr. 11715) hat vereinzelt einen Aus-

Von den fremden Rechtssystemen, die eine dem deutschen ähnliche Regelung unserer Frage enthalten, ist als modernstes endlich das vor der Kodifikation stehende ungarische Recht, wie es in seinem 1913 und 1914 erschienenen „Entwurf eines ungarischen BGB." [1]) vorliegt, zu nennen. In dem Entwurf selbst ist durch den den § 1470 erheblich erweiternden § 1494 die Haftung allerdings viel schärfer als die des deutschen Rechts. Dieser § 1494 ist jedoch von der Gesetzgebungskommission gestrichen worden[2]), so daß maßgebliche Bestimmung jetzt § 1489 (§ 1486 Entw. II) werden soll. Hier heißt es Absatz 1:

„Wer zur Besorgung irgendeines Geschäfts statt seiner einen anderen bestellt, haftet für jeden Schaden, den der Besteller anläßlich der ihm aufgetragenen Verrichtungen einem Dritten widerrechtlich zufügt, es sei denn, daß er beweist, daß er bei der Wahl des Bestellten und, soweit eine Aufsicht oder die Erteilung einer Weisung erforderlich war, auch hierbei die gehörige Sorgfalt beobachtet hat, oder daß der Schaden auch im Falle der Beobachtung der gehörigen Sorgfalt entstanden wäre."

Von diesem Grundsatz, der dem § 831 entspricht, macht der ungarische Entwurf eine allerdings sehr wichtige Ausnahme, die in den von ihr betroffenen Fällen zur reinen Verursachungshaftung führt: unberührt bleiben nämlich die in dem Titel „Unverschuldete Schädigung" enthaltenen Vorschriften. Hier interessiert besonders die des § 1490. Dort wird bestimmt, daß, wer selbständig ein Gewerbe ausübt, für den Schaden hafte, der aus der Mangelhaftigkeit des Betriebes oder der Betriebseinrichtungen anderen erwächst (Abs. 1). Eine Erweiterung der Haftung bis zur höheren Gewalt enthält Abs. 2: bei gewissen mit besonderer Gefahr verbundenen Betrieben (der Entwurf nennt „Eisenbahn-, Elektrizitäts- und andere Unternehmen" ferner solche Unternehmen, „die ein Automobil, eine Flugmaschine oder ein Luftschiff im Betriebe haben") wird bis zur höheren Gewalt gehaftet. Eine vertragliche Ausschließung der Haftung ist unzulässig (Abs. 3).

Diesem Prinzip entspricht die Regelung des neuen Zivilrechts Sowjet-Rußlands.

Im russischen BGB. vom 1. Januar 1923 ist in § 404 bestimmt, daß Personen und Unternehmungen, deren Tätigkeit mit besonderer Gefahr verbunden ist (Eisen- und Straßenbahnen, Fabrikunternehmungen, Händler mit brennbaren Materialien, Halter wilder Tiere, Personen, die Gebäude und andere Einrichtungen errichten,

---

gleich dadurch zu schaffen gesucht, daß es eine Vertretungshaftung des Fabrikherrn konstruierte, um daraus seine unbedingte Haftung für das Verschulden seiner Angestellten abzuleiten; vgl. dagegen Unger: a. a. O., S. 62, 4.

[1]) „Entwurf eines ungarischen BGB." Budapest 1914.

[2]) Vgl. Heymann: Das ungarische Privatrecht und der Rechtsausgleich mit Ungarn. S. 32, 51. Tüb. 1917.

usw.), ohne Rücksicht auf ihr Verschulden als Verursacher für den Betriebsschaden haften, der durch die erhöhte Gefahrenquelle zugefügt ist, es sei denn, daß der Schaden auf höherer Gewalt oder auf Vorsatz oder auf grober Fahrlässigkeit des Geschädigten beruht[1], [2]. In dieser Bestimmung erschöpft sich aber auch die im ZGB. getroffene Regelung der außervertraglichen Haftung für Dritte. § 403 statuiert eine sehr weitgehende Haftung für eigenes Verhalten („Wer der Persönlichkeit oder dem Vermögen eines anderen Schaden zugefügt hat, ist verpflichtet, den zugefügten Schaden zu ersetzen. Er ist von dieser Verpflichtung befreit, wenn er beweist, daß er den Schaden nicht abwenden konnte, oder daß er zur Zufügung des Schadens ermächtigt war, oder daß der Schaden zufolge Vorsatzes oder grober Fahrlässigkeit des Geschädigten selbst entstanden ist), dann folgt die oben erwähnte Vorschrift das § 404, und in § 406 ist endlich eine die vorangehenden Haftungsfälle erweiternde Billigkeitshaftung vorgesehen, nach der in den Fällen, in denen gemäß §§ 403—405 derjenige, der den Schaden zugefügt hat, nicht verpflichtet ist, ihn zu erstatten, das Gericht ihn trotzdem zum Schadensersatz verpflichten kann, entsprechend seiner Vermögenslage und der Vermögenslage des Geschädigten. Eine Bestimmung über die Haftung von Personen und Unternehmungen, deren Tätigkeit nicht mit einer erhöhten Gefahr für die Umgebung verbunden ist, ist im Zivilgesetzbuch nicht getroffen, sodaß das geltende russische Recht auf einem der wichtigsten Gebiete der Haftung eine Lücke aufweist. Es ist auch nicht möglich, sie durch Zuhilfenahme der zum zaristischen Recht ergangenen Rechtsprechung zu ergänzen. § 22 des Dekrets über das Volksgericht vom Jahre 1920[3] bestimmt ausdrücklich:

„Bei der Entscheidung von Prozeßsachen hat das Volksgericht die Dekrete der Arbeiter- und Bauernregierung anzuwenden; falls ein zutreffendes Dekret fehlt, oder wenn ein solches Lücken aufweist, hat es das soziale Rechtsempfinden zur Richtschnur zu nehmen. Die Berufung auf die Gesetze der gestürzten Regierungen in Zivil- und Strafsachen ist verboten[4]."

Entscheidungen, die die Lücke des Gesetzes auf dem hier vorgeschriebenen Wege durch richterliche Rechtsschöpfung beseitigen, sind mir nicht bekannt geworden.

---

[1]) Vgl. v. NORMANN: Das Vermögensrecht der Sowjetrepublik. Berlin 1923, S. 73. FREUND: Das Vermögensrecht Sowjetrußlands, Mannheim 1924, S. 277.

[2]) Also keine Beschränkung auf die Fälle der „Tötung oder Körperverletzung eines Menschen" wie in §§ 1, 2 ReichshaftpflG. v. 7. Juni 1871.

[3]) Vgl. FREUND: a. a. O., S. 16.

[4]) Vgl. auch Dekret vom 30. 11. 1918, FREUND: a. a. O., S. 15f.

Diese Rechtssysteme, die für „gefährliche" Betriebe eine Sonderregelung geschaffen haben[1]), stellen sich als ein Bindeglied zwischen dem deutschen und dem französischen Recht dar. Wie dieses selbst grundsätzlich die hier behandelte Frage regelt, ist, schon wegen der großen Rolle, die diese Regelung bei den Vorarbeiten zum BGB. gespielt hat, allgemein bekannt. In der maßgeblichen Bestimmung des Art. 1384 code civil heißt es:

„On est responsable non seulement du dommage que l'on cause par son propre fait, mais encore de celui qui est causé par le fait des personnes dont on doit répondre ou des choses que l'on a sous sa garde."

„Les maîtres et les commettants (sont responsables) du dommage causé par leurs domestiques et préposés dans les fonctions auxquelles ils les ont employés."

Der außerordentlich große Einfluß, den der Code civil auf die Kodifikation fremder Rechte geübt hat, kommt naturgemäß auch in der Übernahme dieser Bestimmung in andere Rechtssysteme zum Ausdruck. Wörtlich dieselbe Vorschrift enthält das italienische Recht (C. italiano, Art. 1153). Ebenso ist die Regelung des Art. 1384 C. c. in das spanische Recht (Codigo civil espanol 1889 Art. 1903) übergegangen, das indessen noch einen Zusatz aufgenommen hat (Art. 1903 Abs. 4): „In gleicher Weise sind verantwortlich die Eigentümer oder Direktoren einer Anstalt (establecimiento) oder eines Unternehmens (empresa) für die Schädigungen, die durch ihre Angestellten im Rahmen ihrer Anstellung (en el servisio de los rames en que los tuvieran empleados) oder bei Gelegenheit ihrer Verrichtungen (con occasion de sus functiones) verursacht werden[2])."

Die Regelung des spanischen Rechts ist besonders wichtig, da sie von fast sämtlichen süd- und mittelamerikanischen Staaten übernommen worden ist[3]); sie findet sich in den Gesetzbüchern Argentiniens (art. 1144, 1156), Boliviens (967f), Chiles (2320, 2322), Columbiens (2347, 2349), Ecuadors (2302, 2304), Guatemalas (2277), Honduras (1999), Mexikos (1048, 1481), Perus (2191), Venezuelas (1219)[4]). Zu erwähnen ist endlich der Einfluß des spanischen Rechts auf das Recht Bulgariens: Das Gesetz „von den Verbindlichkeiten und Verträgen" vom 3. XII. 1892, das fast ausschließlich eine Übersetzung des italienischen und des spanischen Gesetzbuchs ist, enthält in seinem im

[1]) Zum schwedischen Recht vgl. S. 56, Anm. 3.

[2]) Über das der Vorschrift des Art. 1903 zugrunde liegende Repräsentationsprinzip ausführlich MANRESE: Codigo Civil Espanol, Bd. XII, S. 651 ff., Madrid 1921, die französische Rechtsprechung zu dieser Frage vgl. bei PLANIOL: a. a. O., Nr. 881.

[3]) Ob auch mit der in Art. 1903 Abs. 4 C. c. esp. enthaltenen Ergänzung, konnte ich nicht feststellen.

[4]) Zitiert nach MANRESE: a. a. O., Tomo XII. S. 657f.

übrigen dem Art. 1384 C. c. entsprechenden Art. 58 eine Vorschrift, der der bereits erwähnte Art. 1903 Abs. 4 des spanischen Zivilgesetzbuchs zum Muster gedient hat: Die Eigentüner und Direktoren von Eisenbahnunternehmungen wie auch von anderen Anstalten und Unternehmungen haften für die Schäden, die von ihren Angestellten bei Erfüllung ihrer Verrichtungen verursacht worden sind"[1]).

Das französische Recht und die von ihm beeinflußten Tochterrechte haben mit der Ausschließung jeglicher Möglichkeit eines Entlastungsbeweises die unbeschränkte Haftung des Geschäftsherrn für schädigende Handlungen seiner Untergebenen auch für das Gebiet der außervertraglichen Verhältnisse durchgeführt. Eine unterschiedliche Behandlung der großen und kleinen Betriebe, wie sie sich für die deutsche Rechtsprechung aus der Behandlung des Entlastungsbeweises ergab, entfiel damit ohne weiteres. Die Behandlung der vom gesetzgeberischen Standpunkt interessierenden Frage, ob dieser Regelung gegenüber der des deutschen Rechts der Vorzug zu geben ist, fällt aus dem Rahmen dieser Untersuchung. Es mag in dieser Hinsicht genügen, auf die Ausführungen Heinsheimers[2]) über die bedenklichen Folgen einer unbeschränkten Haftung des Geschäftsherrn für das Tun seiner Leute auf außervertraglichem Gebiet hinzuweisen; wie man auch mit dem Entlastungsbeweis zu durchaus befriedigenden Ergebnissen gelangen kann, hat die Betrachtung des schweizer Rechts gezeigt.

Dagegen drängt sich bei der Betrachtung der französischen Regelung der Haftungsfrage besonders stark die Frage nach dem Haftungsgrund des Art. 1384 C. c. auf. Das Fehlen des Exkulpationsbeweises in Art. 1384 C. c. zwingt zu der Vermutung, daß für die dogmatische Untersuchung des Verursachungsprinzips die französische Rechtsliteratur, für die ein solches eben wegen des Fehlens jeder Entlastungsmöglichkeit besonders nahe liegen sollte, eine wertvolle Unterstützung bieten mußte. Wenn man deutsche Betrachtungen zur „Gefährdungs"- und Herrschaftslehre nachliest, fällt indessen stets die fast völlige Beschränkung der Untersuchung auf die deutsche Literatur auf, die um so peinlicher wirkt, als gerade die französischen Lehrbücher und Monographien in der Regel sehr gründliche rechtsvergleichende Darstellungen enthalten[3]).

Bei einer kurzen Betrachtung der französischen Literatur zum Verschuldens- und Verursachungsprinzip ist vorauszuschicken, daß diese den von vornherein der Untersuchung gezogenen Grenzen entsprechend sich nach Möglichkeit auf das Gebiet des Art. 1384, 3 zu beschränken hat. Diese Beschränkung ist jedoch mit Schwierigkeiten verbunden,

[1]) Vgl. Schöndorff: Einführung in das slavische Recht, I. Bulgarien. S. 77f. Leipzig 1922.

[2]) a. a. O., S. 120ff.

[3]) Vgl. hierzu Jsay: a. a. O., bes. S. 14f.

da die Literatur meistens den Haftungsgrund des Art. 1384 gemeinsam mit dem der Art. 1382, 1383 behandelt; ein Eingehen auf die grundlegenden französischen Arbeiten gerade der letzten Jahre zum Haftungsproblem ist jedoch an dieser Stelle unmöglich[1]).

Die ältere französische Literatur sieht trotz des Nichtbestehens einer Exkulpationsmöglichkeit fast einheitlich den Haftungsgrund des Art. 1384 in einem eigenen Verschulden des Geschäftsherrn; sie findet ihre Verschuldenstheorie in der Entstehungsgeschichte des Art. 1384 bestätigt[2]). Bei ZACHARIAE-CROME[3]) heißt es, der Grund der Haftung sei die Annahme, daß die Hausherren und Kommittenten die Dienstleute entweder schlecht ausgewählt oder nicht genügend überwacht hätten; es handele sich also um eine „präsumtive culpa in eligendo vel custodiendo". Diese Literatur folgt hier ebenso wie die Verfasser des C. c. selbst den Lehren POTHIERS[4]), der den Grund für die Haftung des „maître" darin erblickte, daß dieser einen „homme maladroit ou brutal" ausgewählt oder ihn ungenügend überwacht habe[5]); „mauvais choix" oder „défaut de surveillance" sind die Haftungsgrundlagen POTHIERS[6]). Er geht dabei, wir PLANIOL[7]), bemerkt, von der Betrachtung der Dienstbotenverhältnisse aus, deren Abhängigkeit dieselbe sei wie die von Kindern, und setzt diesen das Verhältnis zwischen Arbeitgeber und Arbeitnehmer gleich.

Vor den neunziger Jahren sind es nur vereinzelte Stimmen, die sich gegen die Fiktion eines eigenen Verschuldens des Geschäftsherrn wenden. So sagt SAINCTELETTE[8]): „La responsabilité des maîtres et des commettants n'est que l'une des sortes de la responsabilité du fait d'autrui. La responsabilité du fait d'autrui n'est pas une fiction inventée par la loi positive. C'est une exigence de l'ordre social." Und SALEILLES[9]):

[1]) Vgl. hier besonders die ausführlichen Darlegungen bei Réné Demogue, Traité des obligations en général, I Sources des obligations, Paris 1923/24, Tome III, bes. S. 357—497, 530—539, die auch eine kritische Darstellung der gesamten einschlägigen Literatur enthalten.

[2]) Vgl. LAURENT: Principes des droit civil Tom. XX S. 588, 606, SOURDAT: Traité générale de la responsabilité II Nr. 884, 885.

[3]) Lehrbuch des franz. Zivilrechts II, § 447.

[4]) POTHIER: Oeuvres de, Tome 1—17. Obligations Nr. 121. Paris 1821/1822.

[5]) Vgl. auch POTHIER: ed. BUGNET, t. II. Nr. 121, S. 59: Il faut que le commettant soit responsable, pour le rendre attentif a ne se servir que des bons domestiques.

[6]) Über den Einfluß POTHIERS vgl. TRIANDAFIL: L'idée de faute et l'idée de risque comme fondement de la responsabilité, S. 79, Paris 1914; PLANIOL: Traité élémentaire du Droit Civil, II, Nr. 9, Paris 1921.

[7]) a. a. O. Nr. 911.

[8]) De la responsabilité et de la garantie, S. 124, 1884 (zitiert nach UNGER: a. a. O., S. 648).

[9]) Essai d'une théorie de l'obligation d'après le projet du code civil allemand. S. 376. 1890.

„Le Code civil (art. 1384) a abandonné l'idée d'une présomption de faute pour ce placer au point de vue de l'interêt public; il a vu une raison d'ordre général à imposer la responsabilité au maître pour ceux qu'il emploie, il a voulu obliger le maître à une diligence plus attentive."

Mit SALEILLES ist die französische Rechtswissenschaft an den Punkt gelangt, wo zum erstenmal das Verschuldensprinzip einer kritischen Würdigung unterzogen und der idée de faute die idée de risque gegenübergestellt wurde. Es ist eigenartig und wird in der französischen Literatur wiederholt betont[1]), daß diese neue Betrachtungsweise des Haftungsproblems einem äußeren Umstand ihr Entstehen verdankt: als man an die Schaffung des Gesetzes vom 9. April 1898 betreffend die „accidents du travail" ging, bestand auf Grund der herrschenden Verschuldenslehre für die Arbeiter die ungünstige Rechtslage, daß der Geschäftsherr bei Zufall (cas fortuit) nicht haftete[2]). Damals waren es in erster Linie SALEILLES und JOSSERAND, die die Forderung einer Risikohaftung für das neue Gesetz durch den Nachweis zu stützen suchten, daß bereits dem Art. 1384, 3 C. c. die „idée de risque" zugrunde läge[3]).

SALEILLES[4]) ist am radikalsten. Auf ihn sind im eigentlichen Sinne die Worte PLANIOLS[5]) gemünzt wenn er von den Schriftstellern spricht, „qui tendent à éliminer du droit la notion de faute pour lui substituer celle de la création du risque."

Seine Methode ist soziologisch; sie stellt nicht darauf ab, die Gedankengänge des Gesetzgebers zu ergründen, sondern bekämpft es aufs schärfste, aus diesen Auslegungsregeln herzuleiten, die für die völlig veränderten wirtschaftlichen Verhältnisse des 20. Jahrhunderts Geltung beanspruchen. Die Umwälzung in der wirtschaftlichen Entwicklung beweist ihm gerade, daß das Verschuldensprinzip innerlich unwahr geworden sei, als die Entwicklung der Industrie eine leichte Überwachungstätigkeit des Geschäftsherrn unmöglich machte und Verhältnisse eintraten, in denen man nicht mehr von der diligentia des „bonus pater familias" reden konnte[6]). So gelangt er zu der Forderung[7]): notre

---

[1]) Vgl. z. B. TRIANDAFIL: a. a. O., S. 95.

[2]) 75% der Betriebsunfälle waren nach statistischen Berechnungen durchschnittlich auf Zufall zurückzuführen; vgl. PIC: Législation industrielle, S. 753. Paris 1903,

[3]) Auf die Regelung des französischen Haftpflichtgesetzes ist hier nicht einzugehen.

[4]) Vgl. auch Etude sur la théorie générale de l'obligation, 3 ed. Paris 1914 und Les accidents du travail et la responsabilité civile, bes. S. 43, 44. 1897.

[5]) Droit Civil, ed. 1921, II. Nr. 863.

[6]) Vgl. hierzu auch TRIANDAFIL: a. a. O., S. 186f.

[7]) Etude sur la théorie générale de l'obligation, S 47, 1914, vgl. auch TRIANDAFIL: a a. O., S. 130ff.

devoir est donc de rechercher sur ce point non pas l'idée exacte que le législateur s'est faite du délit ou du quasidélit civil, mais l'idée que nous devons nous en faire à la suite de constatations de fait, dont la jurisprudence nous fournit le criterium".

„Le législateur a entendu s'en remettre sous ce rapport à l'évolution historique elle-même." Das Ergebnis dieser evolutionistischen Rechtsbetrachtung faßt SALEILLES pathetisch in die Worte zusammen: „Appellons donc les choses par leur nom, laissons cette idée de faute de coté et disons tout simplement, ce qui sera plus équitable au point de vue social et plus conforme à l'idée même de la dignité individuelle, que chacun en agissant court des risques et là où un malheur arrive, par suite d'un fait volontaire et libre, l'auteur du fait paiera les risques; c'est la prise de la liberté." Und in einer anderen Fassung[1]): „le travail doit supporter les risques du travail."

Ähnliche Gedankengänge, wenn auch nicht in der gleichen radikalen Fassung, werden bei JOSSERAND[2]) entwickelt; er sieht in den hier behandelten Bestimmungen des Code civil ein Prinzip g e s e t z l i c h e r Haftung zum Ausdruck gebracht, das einen selbständigen Haftungsgrund gegenüber der Verschuldenshaftung darstelle und das seine tiefere Berechtigung in dem Grundsatz habe, daß derjenige, der den Nutzen eines Unternehmens habe, auch das mit diesem verbundene Risiko tragen müsse: „la responsabilité . . . . . est étrangère à toute notion de faute; elle découle directement de la loi". „Le législateur nous a présenté dans un désordre critiquable mais évident deux théories bien distinctes, celle de l'obligation délictuelle et celle de l'obligation née de la loi". „Le législateur a été guidé par le principe que celui qui a les bonnes chances doit avoir les mauvaises (ubi emolumentum ibi onus esse debet)."

Die Theorien SALEILLES[3]) und JOSSERANDS[4]), neben denen noch die von LEVY[3]) und TESSEIRE[4]) die mit zu den Vorkämpfern der „idée de risque" gehören, zu nennen sind, haben in der Theorie wie in der Praxis außerordentlich befruchtend gewirkt. Gerade die Literatur der letzten 15 Jahre hat sich in weit stärkerem Maße, als dies in Deutschland der Fall war, mit der Erforschung des Haftungsproblems beschäftigt. Bevor einige charakteristische Ansichten noch kurz hervorgehoben werden, ist hier nochmals auf die engen Grenzen des gestellten Themas hinzuweisen: es ist hier nicht der Ort, die interessante Stellungnahme der französischen Literatur zum Wesen der „responsabilité" überhaupt wiederzugeben; es soll vielmehr nur ein ganz bestimmtes Teilproblem

---

[1]) Théorie de l'obligation, S. 417.

[2]) De la responsabilité du fait des choses inanimées bes. S. 5ff., 11ff., 111. 1897.

[3]) Responsabilité et contrat. Revue critique 1899, 361ff.

[4]) Essai d'une théorie générale sur le fondement de la responsabilité.

dargestellt werden, soweit sich nämlich das Haftungsproblem auf Art. 1384,3 bezieht und infolgedessen ein Vergleich mit dem Haftungsgrund des § 831 möglich ist. Ebenso ist bereits darauf hingewiesen worden, daß ein derartiges Unternehmen nur ein sehr unvollkommenes sein kann, weil der Haftungsgrund des Art. 1384,3 regelmäßig im engen Zusammenhang mit den Betrachtungen über den außervertraglichen Haftungsgrund im allgemeinen behandelt wird[1]).

Die Praxis hat den Gedanken der objektiven Haftung auf der Grundlage der „idée de risque créé" alsbald aufgenommen, was vor dem Haftpflichtgesetz vom 9. April 1898 zu dem wichtigen Ergebnis führte, daß nunmehr der Betriebsunternehmer aus Art. 1384 auch für auf Zufall zurückzuführende Betriebsschäden der Arbeiter haftbar gemacht wurde; diese Haftung fand ihre Grenze nur in eigenem Verschulden des Verletzten und entfiel, wenn ein Fall der höheren Gewalt gegeben war[2]). Die praktische Bedeutung dieser Praxis ist seit dem Gesetz vom 12. April 1906, das die Haftung des Gesetzes von 1898, das ursprünglich nur auf „gefährliche" Anwendung fand, auf alle Handelsunternehmungen erstreckte[3]), nur noch eine geringe.

Daß auch die Literatur der neueren Zeit teilweise die Theorien SALLEILLES akzeptierte, beweist CHARMONTS Buch „Les Transformations du droit civil"[4]), wo gerade aus dem Umstande, daß das franzö-

---

[1]) Dies ist in der Hauptsache darauf zurückzuführen, daß Art. 1382 nicht die objektive Rechtswidrigkeit und das subjektive Verschulden auseinanderhält; vgl. PLANIOL: a. a. O., II Nr. 863.

[2]) Vgl. die Entscheidungen bei PIC: a. a. O., S. 7541

[3]) Vgl. PLANIOL: a. a. O., II. Nr. 1863; durch Gesetz vom 25. IX. 1919 ist die Unternehmerhaftung auch auf „Betriebskrankheiten" ausgedehnt worden. — Daneben kennt das französische Recht eine besondere Haftung für gefährliche Betriebe, die auf obrigkeitlicher Genehmigung — autorisation administrative — (vgl. §§ 16, 26 GewO.!) beruhen: Nach Artikel 11 des französischen Dekrets vom 15. Oktober 1810 kann ein Dritter, der infolge eines sogenannten gefährlichen Betriebs — gefährliche Betriebe sind nur solche, die in der betreffenden Gesetzgebung ausdrücklich als solche bezeichnet werden — Schaden erleidet, den Betriebsunternehmer auf Schadensersatz verklagen. Nach dem Wortlaut des Dekrets bezieht sich die Schadensersatzpflicht allerdings nur auf diejenigen gewerblichen Betriebe, die vor Inkrafttreten des Dekrets eröffnet worden sind; die Rechtsprechung gewährt aber über den Wortlaut des Dekrets hinaus Schadensersatzansprüche auch für diejenigen Betriebe, die nach Inkrafttreten des Dekrets eingerichtet sind; vgl. DALLOZ: Dictionnaire, Seite 879 Nr. 29 und die dort angeführte Rechtsprechung, insbesondere zwei Entscheidungen des Kassationshofes vom 19. VII. 1826. PLANIOL: a. a. O., Band 2 § 872 Seite 284 bekämpft diese Rechtsprechung, gibt aber gleichfalls zu, daß sie die Praxis beherrscht. (Die Kenntnis des Dekrets von 1810 verdanke ich einem gütigen Hinweis von Herrn Rechtsanwalt Dr. ERNST WOLFF, Berlin).

[4]) 1912, 1921, S. 267. Das Buch behandelt in interessanter Weise die Umformung von Rechtsinstituten durch die Praxis unter dem Einfluß der wirtschaftlichen Entwicklung.

sische Recht einen Entlastungsbeweis wie in § 831 nicht kennt, der Schluß gezogen wird, daß man hier nicht mehr von Verschulden sprechen könne: c'est un motif d'intérêt social, qui explique l'obligation du maître. C'est en réalité une question de risque ..... Le patron réalise les profits et subit les risques". — Auch ein so verbreitetes Buch, wie COLIN-CAPITANTS: Droit civil[1]) vertritt trotz einiger Verklausulierungen die Ansicht, daß dem Art. 1384,3 das Verschuldensprinzip nicht zugrunde liegen könne, weil eine Verschuldensvermutung, die man nicht widerlegen könne, bedeutungslos sei. Die Haftungsgrundlage im Art. 1384,3 beruhe vielmehr auf dem Gedanken, daß es der Billigkeit entspräche, „que le maître et le commettant supportent les conséquences dommageables des services dont ils profitent" ..... „ne faut-il pas la (die Haftungsgrundlage) chercher dans l'idée de risque, et dire que celui qui profite des services du domestique ou de l'employé est tenu des conséquences de leurs actes, parce qu'il doit supporter les risques inhérents à l'exercice de leur activité? .... „La responsabilité est la contre-partie ... équitable du profit[2])." Die Anwendung des Satzes „ubi emolumentum ibi onus esse debet" zur Erklärung des Haftungsgrundes in Art. 1384,3 findet sich in der Literatur übrigens selbst da, wo im übrigen eine präsumtive Verschuldenshaftung angenommen wird[3]).

Die Risikotheorie ist in Frankreich natürlich nicht ohne Widerspruch geblieben. Man kann aber doch allgemein so viel sagen, daß auch bei den Gegnern, besonders SALEILLES', der Gedanke des „risque créé" auf fruchtbaren Boden gefallen ist; die Kritik richtet sich weniger gegen die „idée de risque" als solche als gegen eine zu starke Verallgemeinerung derselben. In erster Linie ist hier TRIANDAFIL zu erwähnen, dessen bereits zitiertes Buch wohl als die geistreichste Untersuchung über den Haftungsgrund angesehen werden kann. TRIANDAFIL geht davon aus[4]), daß der Gesetzgeber in Art. 1384,3 eine eigenartige Verschuldenshaftung zum Ausdruck bringen wollte. Dieser Absicht entsprechend sei es gerechtfertigt, in Art. 1384,3 eine unwiderlegliche Verschuldensvermutung zu erblicken, „parce que le texte de la loi risquerait autrement de rester lettre morte, attendu que la preuve contraire serait le plus souvent pour les maîtres d'une dérisoire facilité."

[1]) 3. ed. 1921, II S. 392ff.

[2]) Die Einschränkung auf S. 393 Abs. 2 scheint mir in Abs. 3 wieder aufgehoben zu sein.

[3]) Vgl. beispielsweise LYON-CAEN-RENAULT: Droit commercial, 4 ed. 1911, Bd. 5 S. 398f. Aus Art. 1384, 3 ist nicht der Schiffskapitän, sondern der Reeder verantwortlich: „Il serait exorbitant de rendre le capitaine responsable des faits de personnes, qui ne travaillent pas pour lui et dont les services ne lui profitent pas."

[4]) a. a. O., S. 79.

Triandafil hält auch dieses Verschuldensprinzip als Grundlage für gerecht; nach dem Wortlaut des Gesetzes und im Hinblick auf die Billigkeit könne die Verantwortlichkeit im Verhältnis zwischen Einzelnen nur auf dem Verschuldensgedanken beruhen[1]) und er bekämpft[2]) die théorie de risque, welche, durch nur vor dem Gesetz vom 9. April 1898 bestehende Billigkeitserwägungen veranlaßt, in das Gesetz einen ihm in dieser Allgemeinheit fremden Grundsatz hineintragen wolle; er bekämpft auch die durch diese Theorie beeinflußte Rechtsprechung[3]). Aber auch er legt der wirtschaftlichen Entwicklung der Neuzeit für die Formung des Haftungsgrundes ein entscheidendes Gewicht bei. Neben der subjektiven Verantwortlichkeit habe das moderne Leben Fälle geschaffen, in denen das Verschuldensprinzip nicht Platz greifen könne und trotzdem eine Ersatzpflicht entstehe: die Fälle nämlich, wo es sich nicht um Schäden handelt, die im Zusammenhang mit Beziehungen zwischen Einzelpersonen erwachsen sind, sondern die auf den Beziehungen zwischen einer (Personen- oder Sach-) Gesamtheit, einer Organisation und Einzelpersonen (dans les rapports de groupe à individu) beruhen.

„Il est équitable en même temps qu'utile à la vie sociale que la perte éprouvée par un individu, à l'occasion d'une activité sociale comportant des risques, soit répartie sur le groupe avec lequel se trouvait en rapport l'individu au moment du dommage.“ Der immerwieder betonte Gedanke, daß die moderne Wirtschafts- — und damit parallel gehend — die Rechtsentwicklung[4]) in der Haftungsfrage in den Verhältnissen zwischen Einzelnen und zwischen dem Einzelnen und einem Organismus ganz verschieden gelagerte Verhältnisse geschaffen habe, die wegen dieser Verschiedenheit eine gleichartige Behandlung der Haftungsfrage ausschließen — das ist der Ausgangspunkt der Theorie Triandafils. Wo das gegeben ist, was er, übrigens recht verschwommen, als „groupe

---

[1]) a. a. O., S. 183. [2]) a. a. O., S. 130ff.

[3]) a. a. O., S. 140ff. Im allgemeinen hat die Praxis am Verschuldensprinzip festgehalten; die Grundlage der Haftung bleibt das gesetzlich vermutete Verschulden selbst in den Entscheidungen, wo mit dem Gefährdungsgedanken operiert wird (vgl. Triandafil: a. a. O., S. 144). Auch die neueste Praxis ist bei der Annahme eines „risque professional“ außerordentlich vorsichtig, um eine Haftung des Geschäftsherrn für von dem Angestellten nur „bei Gelegenheit“ seiner Verrichtungen begangenen Schadenshandlungen zu vermeiden; vgl. Trib. civ. de Saint-Etienne v. 31. I. 23, Dalloz: Recueil périodique 1923, 2, 159. — Im übrigen läßt aber eine ständige Rechtsprechung den Geschäftsherrn nicht nur für den Schaden haften, den seine Angestellten bei der regelmäßigen Ausübung ihrer Verrichtungen verursachen, sondern auch für die Schäden, die sie unter Mißbrauch ihrer Stellung anrichten; vgl. die Entscheidungen bei Dalloz: Code Civil, Paris 1925, Art. 1384, Anm. 8.

[4]) Vgl. S. 189: le changement dans le mode économique a eu son contrecoup inévitable dans le droit.

social" bezeichnet, eine Organisation, die ihrer wirtschaftlichen Zweckbestimmung nach in die Lage kommt, in Verhältnisse Außenstehender einzugreifen, sei das Verschuldensprinzip durch die wirtschaftliche Entwicklung beseitigt und die Risikohaftung zugleich ein Gebot der Gerechtigkeit. „Il est équitable que des gens, qui font des entreprises, soient responsables des dommages que causent leurs ouvriers et employés maladroits, dans l'exercice de fonctions auxquelles ils les ont employés, de même qu'ils profitent des bénéfices de l'entreprise[1])." — „L'on aura de cette manière pour chaque fondement de la responsabilité un domaine bien défini: responsabilité de faute, d'un coté, dans les rapports entre individus, responsabilité pour risque, d'un autre côté, dans les rapports non plus d'individus entre eux, mais entre un individu et un groupe; en d'autres termes, responsabilité individuelle pour faute et responsabilité collective pour risque[2])."

„La responsabilité pour risque nous apparait donc . . . . comme une affirmation très nette de la solidarité sociale, permettant une meilleure réparation des pertes dissimilées sur un groupe social, toutes les fois que le dommage n'est pas du à la faute d'un individu déterminé, mais est le produit fatal et inévitable de l'activité collective elle-même[3])."

„On comprend alors pourquoi, sous la pression des faits, l'idée de risque a pu apparaître comme fondement d'une responsabilité collective[4]).

Ganz dieselben Gedankengänge und dieselbe Theorie — Verschuldensprinzip bei den Beziehungen zwischen Einzelpersonen, Risikohaftung im Verhältnis zwischen einer Organisation und einem Dritten — gibt Duguit[5]). Die folgende Stelle[6]) weist zusammenfassend am klarsten die Richtung dieser Schule: „Quand on ne voyait dans la vie juridique que les rapports d'individu à individu, quand on rattachait tous les faits sociaux à l'autonomie de la volonté individuelle, on ne pouvait concevoir la naissance d'une obligation, que comme l'oeuvre de la volonté. Le sujet veut conformément au droit: il devient créancier ou débiteur. Il veut contrairement au droit: il est responsable et devient débiteur du préjudice causé. Mais aujourd'hui la vie sociale et partant la vie juridique est le produit d'une division du travail entre les activités individuelles et les activités collectives. Les groupes ne sont point . . . . . des sujets de volonté; ils ne peuvent être des personnes responsables. Mais l'activité du groupe n'est pas moins un élément important de l'activité sociale. La besogne qui en résulte profite sans doute à l'ensemble de la société, mais profite plus particulièrement

---

[1]) a. a. O., S. 80. [2]) a. a. O.. S. 197. [3]) a. a. O., S. 185. [4]) a. a. O., S. 189.

[5]) Les transformations générales du droit privé depuis le code Napoléon. Paris 1912.

[6]) a. a. O., S. 139

aux membres du groupe. Si celuici en a le bénéfice immédiat, il est juste qu'il supporte le risque que fait courir aux individus et autres groupes la mise en œuvre de cette activité[1]."

In derselben Richtung gehen endlich die Ausführungen von BETTREMIEUX[2], der im modernen Recht eine wachsende Tendenz zu diesem gemischten System zu finden meint.

Wenn man die Ergebnisse dieser Theorie für unser Rechtssystem zu verwerten sucht, so muß man sich, wie bereits mehrfach betont, bewußt sein, daß eine einfache Übertragung schon deshalb ausgeschlossen ist, weil das materielle Recht der Art. 1382ff. in wichtigen Punkten ein anderes ist als das der §§ 823ff. BGB. Deshalb kommt es auch nicht so sehr darauf an zu prüfen, wo diese Theorie im französischen Recht ihre „idée de risque" verwirklicht sieht[3], als die grundsätzliche evolutionistische Fragestellung dieser Lehre auch bei der Untersuchung des dem § 831 innewohnenden Haftungsgrundes zu verwerten. Das ist bei der Darstellung des deutschen Rechts versucht worden; die unbefriedigenden Ergebnisse der Praxis haben gezeigt, daß die wirtschaftliche Entwicklung tatsächlich eine Spaltung des Haftungsgrundes selbst zur Folge gehabt hat und der Vorschrift des § 831, die als „Geschäftsherrn" das große Unternehmen wie den kleinen Handwerker mitumfaßt, kein einheitlicher Haftungsgrund mehr zugrunde liegen kann, eine von der deutschen Theorie verkannte Tatsache, die bei stärkerer Beachtung der französischen Literatur vielleicht weniger außer acht gelassen worden wäre. Es ist jedenfalls lehrreich zu beobachten, wie die französische Rechtswissenschaft auf ganz anderem Wege — denn ihr fehlt der im deutschen Recht die Spaltung aufzeigende Entlastungsbeweis — an das Problem des Haftungsgrundes herangeführt worden ist.

Auch die vermittelnde Theorie TRIANDAFILS und DUGUITS ist in Frankreich nicht unbestritten geblieben; in PLANIOL haben die Gedankengänge SALEILLES und JOSSERANDS einen Gegner gefunden, der die „idée de risque créé" in jeder Beziehung als schädlich und gerade für das moderne Recht unbrauchbar ablehnt[4]. „Cette nouvelle doctrine, loin d'être un progrès, constitue un recul, qui nous ramène aux temps barbares, antérieurs à la loi Aquilia, ou l'on se tenait à la matérialité des faits." Wo immer es angebracht erscheint, eine Verantwortlichkeit festzusetzen, wird man dies stets auf ein Verschulden zurückführen

[1] Auf diese Begründung der Schadenszurechnung ist auch bei DEMOGUE: a. a. O., III. S. 471f. besonders abgestellt.

[2] Essai historique sur le fondement de la responsabilité usw., th. Lille 1921, zitiert nach DUGUIT: a. a. O., S. 451.

[3] Vgl. TRIANDAFIL: a. a. O., S. 198ff., 206ff.

[4] PLANIOL: Etudes sur la responsabilité civile, Revue critique, 1905, 277ff. civile, a. a. O. 1906. S. 89 Droit civil II Nr. 863 ter. 911.

können. Charakteristisch ist ein Beispiel: wenn eine Ernte durch Funkenflug von Lokomotiven vernichtet wird, besteht ein Verschulden, „car on doit se tolérer l'un l'autre." Wie hieraus deutlich erkennbar, erstreckt PLANIOL seinen Verschuldensbegriff außerordentlich weit, Er unterscheidet Verschulden in bezug auf Gesetzmäßigkeit, Anständigkeit und Geschicklichkeit (habilité) eines Tuns[1]) und glaubt so, eine Verwendung des Verursachungsprinzips bei der Bestimmung des Haftungsgrundes überhaupt entbehren zu können. Aus dieser grundsätzlichen Einstellung ist es verständlich, wenn er in Art. 1384,3 nicht nur ein präsumtives Verschulden als Haftungsgrundlage sieht, sondern das Bestehen einer präsumtio juris et de jure für dieses Verschulden als mit den Erfordernissen gerade des modernen Wirtschaftslebens unvereinbar empfindet. Die Verhältnisse, von denen POTHIER ausgegangen sei, seien durch die Entwicklung des sozialen Lebens überholt: „aujourd'hui les citoyens sont indépendents les uns des autres, ils ne devraient pas être responsables les uns pour les autres, et un domestique est une personne qui gagne sa vie par son travail, à ses risques et périls. Pourquoi son maître serait-il responsable pour lui, plutôt que lui pour son maîtres? Il est vraiment injuste, quoique nos tribunaux le fassent tous les jours sans scrupules, de rendre ainssi une personne responsable, sans prouvée de sa part[2]). Diese Einstellung läßt PLANIOL naturgemäß in der Regelung des § 831 BGB. und seines Entlastungsbeweises eine viel glücklichere Lösung des Haftungsproblems sehen[3]), [4]).

Die individualistische Methode PLANIOLS ist in Frankreich, wie die Darstellung der einzelnen Theorien gezeigt hat, vereinzelt geblieben. Sein Versuch, das Wirken des Verursachungsprinzips in der außervertraglichen Haftung des geltenden Rechts abzuleugnen, verleitet ihn zur Konstruktion eines inhaltlosen Verschuldensbegriffes; in gleicher Weise steht seine Ansicht, die Zurückdrängung der Verschuldenshaftung durch die Praxis in Lebensverhältnissen des modernen Wirtschaftslebens bedeute ein Rückgleiten des Rechts in „barbarische Zeiten", im direkten Gegensatz zu dem oben bei der Darstellung des deutschen Rechts Entwickelten. Im einzelnen ist hier nicht der Ort für eine allgemeine Fundierung des Verursachungsprinzips gegenüber der Theorie PLANIOLS. Jedenfalls hat die Darstellung gezeigt, daß auch die französische Rechtswissenschaft unabhängig von der in Deutschland

---

[1]) Vgl. hierzu PLANIOL: Rev. crit. 1905, 283, 284.

[2]) Droit civil II Nr. 911.

[3]) a. a. O.

[4]) Als selbständige Theorie ist noch DEMOGUE's (a. a. O. bes. Nr. 287 — 292) idée „du partage de responsabilité" zu nennen, die eine reine Gefährdungshaftung nur bei „gefährlichen Betrieben" (vgl. S. 475ff.) annimmt; die hier entwickelten Gedanken liegen jedoch abseits von dem, was für die vergleichende Betrachtung des Haftungsgrundes in Art. 1384, 3 C. c., § 831 BGB. zu berücksichtigen ist.

ausgebildeten Haftungslehre das Haftungsproblem vertieft hat und daß gerade der in der französischen Literatur fruchtbare Gedanke, daß bei der Einwirkung der durch das neuzeitliche Wirtschaftsleben geschaffenen sozialen Organismen auf die Verhältnisse Außenstehender eine andere Haftungsgrundlage gegeben sei als da, wo der Einzelne Schaden stifte, in übertragener Bedeutung auch für die Bestimmung des Haftungsgrundes in § 831 BGB. verwandt werden kann; wenn auch nur in dem allgemeinen Sinne, daß die Organisationsformen der modernen Wirtschaft einen besonderen Haftungsmaßstab erfordern und der Versuch, in § 831 BGB. einen einheitlichen Haftungsgrund nachzuweisen, auf bloße Konstruktion, die für die praktische Rechtsanwendung unbrauchbar ist, hinausläuft.

Auch im englisch-amerikanischen Recht gibt es keine durch die Behandlung eines Entlastungsbeweises geschaffenen Schwierigkeiten; auch hier hat die Rechtsprechung einen Grundsatz aufgestellt, der in seiner Allgemeinheit mit dem des Art. 1384,3 C. c. übereinstimmt[1]. Die klassische Grundlage bilden die Urteile des Justice Willes[2]. Dieser formulierte den Rechtssatz in einer Entscheidung aus dem Jahre 1867[3] folgendermaßen: „The master is answerable for every such wrong of the servant or agent for the masters benefit, though no express com-

[1] Entsprechend ist die Regelung des dänischen Rechts, für die noch heute maßgebliche Norm das Gesetzbuch Christian V. von 1683 ist (Kong Christian den Femtis Danske Low, Kopenhagen 1878). Hier ist in Buch III., Kapitel 19, Art. 2 bestimmt, daß der Geschäftsherr für schädigende Handlungen seiner mit einer Verrichtung betrauten Angestellten hafte, soweit diese Handlungen im Rahmen der Verrichtung liegen. Eine Entlastungsmöglichkeit in der Art der in § 831 BGB. vorgesehenen ist ihm nicht verstattet. Diese Vorschrift stimmt, auch in ihrer Anwendung durch die Rechtsprechung, mit dem anglo-amerikanischen und französischen Recht überein (vgl. J. LARSEN: Haandbog i Obligationsretten, Almindelig Del, Kopenhagen 1908, § 35 Anm. 3, S. 259). Zur Frage des Haftungsgrundes hat die dänische Literatur keine selbständigen Gesichtspunkte herausgearbeitet; neben der Auffassung, daß der Haftung ein vermutetes Verschulden des Geschäftsherrn zugrunde liege, wird der Gedanke des „cuius periculum eius commodum“ besonders betont (vgl. LARSEN: a. a. O. S. 260). (Herrn Legationssekretär SVENNINGSEN von der Königl. Dänischen Gesandtschaft zu Berlin danke ich auch an dieser Stelle für seine freundliche Beratung bei der Behandlung des dänischen Rechts.) — Das schwedische Recht geht, wie mir Herr Landgerichtsdirektor Dr. RIPPNER, Berlin, liebenswürdigerweise mitteilt, von dem Grundsatz aus, daß der Geschäftsherr für schädigende Maßnahmen seiner Angestellten nur hafte, wenn ihm selbst ein Verschulden zur Last falle, z. B. durch Bestellung eines unerfahrenen Arbeiters zu einer schwierigen Verrichtung. Eine reine Gefährdungshaftung besteht auf Grund besonderer Gesetzgebung im Verkehrswesen: ohne Verschulden haften Eisenbahnunternehmungen, Automobilhalter und Reeder (vgl. BJÖRLING; Lärobok i Civilrätt, Lund, 3. A. 1915, S. 190).

[2] Vgl. POLLOCK: On Torts 12. A. S. 75. London 1923

[3] BARWICK: English Joint Stock Bank. Law Reports über Entscheidungen des Court of Exchequer II 259 ff.

mand or privity of the master be proved." Der Satz, daß der Geschäftsherr für die widerrechtlichen Handlungen seines Angestellten, die dieser im Rahmen seiner Anstellung (in the course of his employment, within the scope of his employment) begeht, verantwortlich ist, ist bis in die neueste Zeit[1]) unantastbarer Bestandteil des commun law geblieben[2]).

Dem gestellten Thema entsprechend kann es nicht Aufgabe dieser Untersuchung sein, im einzelnen die Grundsätze der englisch-amerikanischen Rechtsprechung zur Frage der Haftbarkeit des Geschäftsherrn für rechtswidrige Schädigungen Dritter durch seine Angestellten darzustellen[3]). Auch hier ist vielmehr nur zu prüfen, welcher Haftungsgrund von der Rechtsprechung zugrunde gelegt wird und ob hier, da ja eine gesetzliche Vorschrift, wie sie Art. 1384,3 C. c. ist, nicht entgegensteht, von der Praxis Grundsätze ausgebildet worden sind, die zu einer Sonderstellung der größeren Betriebe in der Haftungsfrage geführt haben.

Es ist ein typischer Zug des anglo-amerikanischen Rechtsdenkens, daß theoretische Untersuchungen über die allgemeinen Grundlagen der Haftung, wie wir sie in der deutschen und französischen Literatur kennen gelernt haben, völlig fehlen. Dies ist um so eigenartiger, wenn man bedenkt, daß die Rechtsprechung, wie noch zu zeigen ist, fast durchweg auf der veralteten und theoretisch geradezu unbrauchbaren[4]) „Vollmachtstheorie" beruht, die in ihrer Unvollkommenheit wie keine andere hätte geeignet sein müssen, zum Nachdenken über den Haftungsgrund anzuregen.

Der einzige, bei dem die Frage des Haftungsgrundes als Problem auftaucht, ist POLLOCK[5]), aber auch bei ihm bleibt es im Grunde bei der Fragestellung, ohne daß der Versuch einer selbständigen Lösung gemacht wird. Der Grundsatz selbst ist nachweisbar bis in die Zeit

---

[1]) Vgl. die Entscheidungen bei Mews Digest of English Case Law. London 1922. Sp. 177ff., 1924, 184ff. (bes. BURNS v. SCHOLFIED).

[2]) Vgl. SALMOND: The Law of Torts. London 1924. S. 95ff. GARLAND-MC. GEHEE: The American and English Encyclopedia of Law. 2. ed. Bd. 28, S. 156, 1904. — POLLOCK: a. a. O., S. 72ff.

[3]) Die Haftung des Master für den servant wird in den englischen und amerikanischen Lehrbüchern gewöhnlich bei der Lehre von der agency behandelt. Auf die Unterschiede zwischen agent und servant kann hier nicht eingegangen werden, ebenso nicht auf die auch bei der Darstellung des deutschen Rechts übergangene Frage, wann die anglo-amerikanische Rechtsprechung im Einzelfalle ein Handeln des servant „in the course of his employment" annimmt (vgl. die Entscheidungen bei SCHIRRMEISTER-PROCHOWNIK: Das bürgerliche Recht Englands I. 2 S. 676f.). — Die Lehre vom commun employment, nach welcher der Geschäftsherr für seinen Angestellten nicht haftet, wenn der geschädigte Dritte ein Angestellter desselben Dienstherrn im selben Betriebe ist, mag hier lediglich erwähnt werden.

[4]) Vgl. hierzu die Ausführungen von ENNECCERUS auf dem 17. Juristentage (1884, Verhandlungen S. 108ff.) gegen das auf diese Theorie aufgebaute Gutachten DREYERS (Gutachten S. 94ff., 106ff.), UNGER: a. a. O., S. 62[4].

[5]) a. a. O., S. 75ff.

Carls II.[1]); trotz seiner außerordentlichen mit der Entwicklung der Wirtschaft stetig steigenden Bedeutung geben die Lehrbücher allgemein, wie auch POLLOCK hervorhebt[2]), keine Begründung. Zwei Thesen sind es, die in Entscheidungen und Lehrbüchern als kurze und apodiktische Erklärung des Satzes, daß der Geschäftsherr in vollem Umfang und ohne Entlastungsmöglichkeit für die widerrechtlichen Handlungen seiner Angestellten einzustehen hat, dienen müssen: „respondeat superior" und „qui facit per alium facit per se", beides im Grunde dogmatische Postulate, aber keine Erklärungen[3]).

Die französische Verschuldenstheorie, daß der Geschäftsherr für schlechte Auswahl und Beaufsichtigung seiner Hilfspersonen hafte, spielt in der englisch-amerikanischen Praxis keine Rolle. POLLOCK[4]) lehnt sie kurz mit der uns bereits aus anderen Rechten bekannten Begründung ab, daß eine derartige Verschuldensvermutung als Grundlage der Haftung nur dann einen Sinn habe, wenn der Geschäftsherr imstande sei, die Vermutung zu widerlegen, was ja wie im französischen Recht ausgeschlossen ist. Er schließt sich der in einigen wenigen Entscheidungen vertretenen „idée de risque" unter besonderer Hervorhebung des Moments, daß der Geschäftsherr Träger eines sozialen Lebensverhältnisses ist, an und erwähnt den oben bereits zitierten Satz SAINCTELLETTE's[5]): „La responsabilité du fait d'autrui n'est pas une fiction inventée par la loi positive. C'est une exigence de l'ordre social". Auf diese Begründung stellen auch die erwähnten amerikanischen und englischen Entscheidungen ab. So heißt es in einem Urteil des Chief Justice SHAW (Massachusetts)[6]): „This rule is obviously founded on the great Principle of social duty that every man in the management of his own affairs, whether by himself or by his agents or servants shall so conduct them as not injure another; and if he does not, and another thereby sustains damage, he shall answer of it." POLLOCKS[7]) Definition des Haftungsgrundes ist ganz ähnlich: „I am answerable for the wrongs of my servant or agent, not because he is authorized by me or personally represents me, but because he is about my affairs, and I am bound to see that my affairs are conducted with due regard to the safety of others[8])."

---

[1]) Vgl. v. BOJANOWSKI: Die Haftpflicht gewerblicher Unternehmer nach englischem Recht, Schriften des Vereins für Sozialpolitik, Bd. XIX (1880), S. 191.

[2]) a. a. O., S. 75.

[3]) Zum schottischen Recht vgl. ebenso ERSKINE: Principles of the Law of Scotland, Edinburgh, 20. ed. S. 342f.

[4]) a. a. O., S. 77.

[5]) a. a. O., S. 124.

[6]) FAIRWELL v. Boston and Railroad Corporation (1842).

[7]) a. a. O., S. 77.

[8]) Vgl. ferner Lord CRANWORTH i. S. BARTONS HILL WAL 10 v. REID (1858). The Master is considered as bound to guarantie (!) third persons against all hurt

Diese Erklärungsversuche in Theorie und Praxis sind jedoch, wie gesagt, eine Ausnahme; die Rechtsprechung auch der neuesten Zeit ist durch sie im allgemeinen nicht beeinflußt worden. Hier sind bei der Erörterung des Haftungsgrundes das Prinzip des „respondeat superior" und das „qui facit per alium, facit per se" allein maßgebend geblieben. Der Gedanke des „respondeat superior" hat sich mehr in der nordamerikanischen Rechtsprechung erhalten[1]), in der englischen Praxis hat das Prinzip qui facit usw., die Vollmachtstheorie, das Repräsentationsprinzip des „respondeat superior" zurückgedrängt und ist seitdem das herrschende Grundprinzip geblieben. Die Konstruktion der Vollmachtstheorie, die auf der Fiktion beruht, daß der tortfeasor bei der schadenstiftenden Handlung auf Grund einer Vollmacht (authority) seines Geschäftsherrn gehandelt hat, ist für unser Rechtsempfinden unverständlich; sie müßte an und für sich für das anglo-amerikanische Rechtssystem noch unverständlicher sein, da hier im Falle der Vertretung ohne Vertretungsmacht nicht einmal der Schwebezustand des § 177 BGB. existiert und sich derjenige, der sich mit einem ohne Vertretungsmacht handelnden Vertreter einläßt, nur an diesen und nicht an den Prinzipal halten kann[2]). Man sollte annehmen, daß es sich, wenn der Angestellte eine rechtswidrige Handlung (tort) begeht, in der großen Mehrzahl der Fälle um eine unberufene „Vertretung" des Angestellten handelt, was eine Haftung des Vertretenen nicht zur Folge haben könnte. Dieses Ergebnis vermeidet die Rechtsprechung durch eine überaus weite und, wie bereits gesagt, dogmatisch geradezu unmögliche Konstruktion des Vollmachtsbegriffes. Man unterscheidet die ausdrückliche (express) und die stillschweigende Vollmacht (implied authority). Naturgemäß werden die von Angestellten begangenen unerlaubten Handlungen in der Regel nicht auf „express authority" zurückzuführen sein. Die Fragestellung wird vielmehr in den meisten Fällen dahin gehen müssen, ob der tortfeasor auf Grund einer „implied authority", einer Vollmacht, deren Vorhandensein aus den „Umständen" zu entnehmen ist, tätig geworden ist. Diese Frage läuft in ihrer praktischen Behandlung durch die Rechtsprechung auf die Untersuchung derselben Umstände heraus, die bei der anderen Fragestellung der Praxis zu prüfen sind, bei der Frage, ob der Schadenstifter den Schaden im Rahmen seiner Anstellung (in the course, within the scope of his employment) angerichtet hat. Damit werden von der Praxis im Endergebnis alle schädlichen Folgen

arising from the carelessness of himself or of those acting under his orders in the course of his business.

[1]) Vgl. Chadmans Cyclopedia of Law, Bd. III, S. 281, Bd. IX, S. 84, Chicago 1912, und die dort zitierten Entscheidungen.

[2]) Vgl. Kuhn: Grundzüge des englisch-amerikanischen Privat- und Prozeßrechts. S. 182. Zürich 1915.

der Vollmachtskonstruktion vermieden, indem in Wirklichkeit im allgemeinen, wie im deutschen Recht, nur untersucht wird, ob der Angestellte in Ausführung oder nur „bei Gelegenheit" der ihm aufgetragenen Verrichtungen einem Außenstehenden Schaden zugefügt hat[1]).

Bei der Prüfung der Frage, ob eine, zum mindesten implied, authority nachweisbar ist, hat nun die Rechtsprechung keine allgemeinen Grundsätze entwickelt, die zu einer im Ergebnis verschiedenen Behandlung der Haftung des Geschäftsherrn je nach dem Umfang seines Betriebes führen könnten, was ja an und für sich möglich gewesen wäre. Die Untersuchung geht nicht dahin, ob in Beziehung auf die konkrete schadenstiftende Handlung eine „authority" konstruierbar ist, sondern dahin, welches der Kreis der dem Angestellten aufgetragenen Verrichtungen im allgemeinen war und ob die den Schaden verursachende Handlung objektiv in den Bereich dieser dem Angestellten auf Grund seiner „Vollmacht" obliegenden Tätigkeiten eingefügt werden kann. So sagt der Justice WILLES in dem bereits zitierten Uretil i. S. BARWICK v. English Joint Stock Bank[2]): „In all these cases it may be said, ... that the master has not authorized the act. It is true, he has not authorized the particule act, but he has put the agent in his place to do that class of acts and he must be answerable for the manner in which that agent has conducted himself in doing the business which it was the act of his master to place him in." Dieser Grundsatz gelangt auch dann zur Anwendung, wenn der Schadenstifter die schädigende Handlung unter Mißbrauch der ihm übertragenen Befugnisse verübt hat, was für das anglo-amerikanische Recht besonders hervorgehoben werden muß, weil hier die Grenzen gegenüber dem Handeln ohne Vertretungsmacht besonders schwer zu ziehen sind. So besagt eine Entscheidung des Obersten Gerichtshofs von New York aus dem Jahre 1905[3]), daß eine Eisenbahngesellschaft für unhöfliches Benehmen ihrer Kondukteure gegen die Passagiere einzustehen habe, da diese in bestimmten Fällen sogar befugt seien, Passagiere an die Luft zu setzen; „it must be held civilly responsible for whatever the conductor does in carrying out the authority intrusted to him, even if he oversteps his instructions. . . . . A principal is liable to a third person for the misconduct of his agent committed in the line of his employment, even though the offense was in excess of his authority." Als lehrreiches Bei-

[1]) Die Prüfung der von der Rechtsprechung hierzu entwickelten und in der Literatur ausführlich dargestellten Grundsätze fällt aus dem Rahmen der Untersuchung.

[2]) Ebenso im nordamerikanischen Recht, wo diese Entscheidung auch als leading case zitiert wird, vgl. MACKAY: Commercial Bank of New Brunswick (Privy Council Appeals 1874) bei GODDARD: Cases on Principal and Agent. S. 763ff. St. Paul 1914.

[3]) BIRKEFF: Postale Telegraph Cable Co.; GODDARD: a. a. O., 761f.

spiel ist endlich eine Entscheidung[1]) zu erwähnen, der folgender Sachverhalt zugrunde lag: die Kläger, die gemeinsam ein Bankgeschäft betreiben, hatten gegen die Beklagte Klage auf Schadenersatz erhoben, weil Angestellte derselben „wrongfully, falsely, maliciously" die Nachricht verbreitet hatten, daß die den Klägern gehörige Bank ihre Zahlungen eingestellt habe. Die Entscheidung nimmt an, daß die Verleumdungen der Angestellten noch in den Rahmen ihrer „Vollmacht" einzubeziehen seien; die beklagte Gesellschaft wurde infolgedessen zum Ersatz des den Klägern durch die Kreditschädigung erwachsenen Schadens verurteilt.

Allgemein läßt sich darnach feststellen, daß die anglo-amerikanische Praxis auf der Grundlage der von ihr in der großen Mehrzahl der Fälle beibehaltenen „Vollmachtstheorie" keine Veranlassung genommen hat, in Fällen, wo der Schadenstifter auf Weisung einer Zwischenperson tätig geworden ist, die authority nicht als vom Geschäftsherrn selbst erteilt anzusehen, um dadurch eine Einschränkung seiner Haftung herbeizuführen.

Trotzdem ist das Haftungsrecht des Geschäftsherrn für schädigende Handlungen seiner Angestellten gegen Dritte nach der englisch-amerikanischen Rechtsprechung dadurch kein einheitliches, daß für Korporationen[2]) besondere Grundsätze neben denen über „authority" und „employment" des Angestellten gelten, die für Einzelpersonen keine Geltung haben.

Auszugehen ist allerdings davon, daß private corporations grundsätzlich in gleicher Weise für torts ihrer Vertreter und Angestellten schadenersatzpflichtig werden wie natürliche Personen[3]), [4]). So heißt es bei POLLOCK[5]): (The corporation) is subject to the same liabilities as any other employer for the acts, neglects and defaults of its agent done in the course of their employment."

Öffentliche Unternehmungen sind in gleicher Weise wie privatrechtliche verantwortlich[6]). Eine Annahme besteht lediglich in Ame-

---

[1]) TH. WHITFIELD, G. MOLINEUX and G. WHITFIELD v. The South Eastern Railway Company, zitiert nach SCHIRRMEISTER-PROCHOWNIK: a.a.O., I, 1 § 28, 5.

[2]) Welche Rechtsformen dem Begriff der „corporation" unterstehen, kann hier nicht untersucht werden; es muß auf die einschlägige Literatur verwiesen werden.

[3]) Die ältere Lehre verneinte die Haftung der Korporationen für torts ihrer Angestellten, da die Korporationen selbst keine unerlaubten Handlungen begehen könnten. Diese Theorie ist völlig veraltet („entirely obsolete") und spielt in der Praxis keine Rolle mehr, vgl. besonders GARLAND-MC. GEHEE: a. a. O., Bd. 7, S. 824f.

[4]) Vgl. GARLAND-MC. GEHEE: a. a. O., Bd. 28. S. 255. — CHADMAN: a. a. O., Bd. III, S. 234ff., S. 281.

[5]) Principles of Contract 9, ed. 1921, S. 128.

[6]) CHADMAN: a. a. O., Bd. 9, S. 84f., Bd. 3, S. 235; vgl. auch ERSKIEN: a. a. O., S. 343: „The rule at one time imposed on our courts by the House of Lords that

rika für Korporationen, „organized and conducted for charitable purposes“. Diese haften für torts ihrer Angestellten nicht; das gleiche gilt für Gesellschaften und Einrichtungen, die vom Staat für öffentliche Zwecke ins Leben gerufen sind, wie Asyle, landwirtschaftliche Gesellschaften, Industrieschulen usw.[1]).

In England sind seit der Trade Disputes Act. von 1896 (Sektion 4) Gewerkschaften (trade unions) von jeglicher Haftung für deliktische Handlungen ihrer Mitglieder befreit, nachdem bis dahin die allgemeinen Haftungsgrundsätze zur Anwendung gelangt waren und um die Jahrhundertwende zu einigen vernichtenden Prozeßkatastrophen geführt hatten[2]).

Es wird hier bestimmt[3]): „An action against a trade union, wether of workmen or masters, or against any members or officials thereof on behalf of themselves and all other members of the trade union in respect of any tortious act alleged to have been by or on behalf of the trade union, shall not be entertained by any court.“

Diese Regelung ist in rechtsvergleichender Hinsicht besonders interessant, da die Rechtstellung der Gewerkschaften im deutschen Recht eine sehr unbefriedigende ist. Stellt sich die Praxis auf den hier bezüglich der Behandlung des Entlastungsbeweises vertretenen Standpunkt, so muß für die Zukunft mit Prozeßkatastrophen, wie sie die amerikanischen und englischen Gewerkschaften betroffen haben, gerechnet werden. Dieses Ergebnis wäre bei Berücksichtigung der im Allgemeininteresse liegenden sozialen Aufgaben der Gewerkvereine unbefriedigend; eine gesetzliche Sonderregelung der Haftung der Gewerkschaften ist schon 1906, als Posadowsky dem Reichstag den Entwurf für ein Berufsvereinsgesetz vorlegte, und in neuerer Zeit[4]) wieder mehrfach in Erwägung

---

statutory or other public bodies-such as road trustees-will not be liable, as a charge on the funds they administer, for the results of wrongs done by their servant, no longer hold.“

[1]) Vgl. Garland-Mc. Gehee: a. a. O., Bd. 7, S. 839f. — Chadman: a. a. O., Bd. 9, S. 84f., Bd. 3, S. 235f.

[2]) In Nordamerika besteht diese vorzugsweise Behandlung der Berufsvereine nicht. So ist erst in jüngster Zeit ein Erkenntnis des Obersten Gerichtshofs der Vereinigten Staaten vom 7. VI. 1922 ergangen, das eine große Gewerkschaft und 27 Ortsvereine zum Ersatz des durch Streikposten angerichteten Schadens in Höhe von 600000 Dollars verurteilte. Bezeichnend ist eine andere Entsch. des Obersten Gerichts, nach der Arbeitnehmerorganisationen auf Grund des Antitrustgesetzes verfolgt und ihre Streikkassen beschlagnahmt werden können (ArbG. 1922, S. 259). Diese Auffassung scheint indessen neuerdings vom Bundes-Obergericht wieder aufgegeben worden zu sein (vgl. Arbeitsrecht 1924, S. 921).

[3]) Ausländische Gesetzgebung über Berufsvereine usw., 18. Sonderheft zum RABl., Berlin 1918, S. 182ff.

[4]) Vgl. bes. Oertmann: Zur Frage der Haftbarkeit der Berufsvereine N. Zeitschr. f. ArbR. 1921, S. 95ff.

gezogen worden. Abgesehen davon führt aber die Anwendung des § 831 auf nichtrechtsfähige Vereine, also auch besonders auf Gewerkschaften, da auch nach Aufhebung des Einspruchsrechts in § 61 BGB. durch Art. 124,2 RV. kein Arbeitnehmerverein die Rechtsfähigkeit erworben hat[1]), zu erheblichen Schwierigkeiten. Denn der Entlastungsbeweis des § 831 ist auf die nach dem Recht der bürgerlichen Gesellschaft zu behandelnden Vereine, bei denen eine analoge Anwendung von § 31 BGB. ausgeschlossen ist[2]), sondern die Gesamtheit der Mitglieder als „Besteller" im Sinn des § 831 anzusehen ist, überhaupt nicht zugeschnitten. Wie hier der Entlastungsbeweis zu führen ist, ob sich das einzelne Mitglied exkulpieren kann[3]), ob eine auch für die nichtrechtsgeschäftliche Haftung maßgebende Bindung durch Mehrheitsbeschluß entsteht, ob die Haftung das Privatvermögen der einzelnen Mitglieder ergreift oder auf das Vereinsvermögen stillschweigend beschränkt werden kann[4]), das sind Fragen, die in der deutschen Rechtsprechung noch völlig ungeklärt sind[5]). Im einzelnen dürfen die

---

[1]) Vgl. LION-LEVY: Streik, Aussperrung und Boykott nach geltendem Recht, N. Zeitschr. f. ArbR. 1921, S. 530ff.

[2]) Vgl. STAUDINGER: 9. A. § 54, VI. 5; HOENIGER: JW. 1924, S. 1882f., RG. JW. 1924, 1155 19 und Anm. von HOENIGER.

[3]) Das OLG. Düsseldorf (OLG. 22, 116) hat sogar angenommen, daß die Klage gegen den Verein, d. h. seine sämtlichen Angehörigen, entfalle, wenn auch nur einem Mitgliede der Entlastungsbeweis gelänge!

[4]) Dies ist bisher immer abgelehnt worden, da es sich nicht um vertragliche, sondern um eine gesetzliche Haftung handelt, bei der der Wille der Parteien irrelevant ist (vgl. PLANCK-KNOKE, § 54, 31).

[5]) Die entsprechenden Schwierigkeiten bestehen, wie in diesem Zusammenhang nur angedeutet werden kann, bei der Haftung für unerlaubte Handlungen der Geschäftsführer einer Gesellschaft des bürgerlichen Rechts. Da diese keine gesetzlichen Vertreter, keine Organe der Gesellschaft sind, und außerdem die Gesellschaft des bürgerlichen Rechts im Gegensatz zu den Handelsgesellschaften auch nicht selbständig im Rechtsverkehr auftritt, ist eine direkte oder analoge Anwendung von § 31 BGB. ausgeschlossen; es kommt nur die Haftung aus § 831 BGB. in Betracht. Man nimmt hier an, daß die Haftung ausgeschlossen ist, wenn auch nur einer der Gesellschafter nachweisen kann daß er bei der Auswahl die erforderliche Sorgfalt beobachtet habe, weil dann gegen ihn kein Anspruch erhoben werden könne und damit auch der Zugriff auf das Gesellschaftsvermögen ausgeschlossen sei. Denn dieser setze voraus, daß der Gläubiger sich an alle Gesellschafter halten könne (vgl. zum vorstehenden DÜRINGER-HACHENBURG (Geiler): HGB., Bd. IV., I. Abt. S. 119f., STAUDINGER: § 714, III., sowie die dort zitierte Literatur und Rechtsprechung). — Eine durch die Sonderregelung des § 35 Patentgesetzes geschaffene Sonderfrage geht dahin, ob bei der Gesellschaft des bürgerlichen Rechts die Gesellschafter für schuldhafte Patentverletzungen des geschäftsführenden Gesellschafters haften. Diese Frage wird zumeist, besonders von der Rechtsprechung, verneint, da die Anwendung von § 831 BGB. durch § 35 PatGes. ausgeschlossen sei (vgl. SELIGSOHN: PatGes. 6. A., bes. S. 402, STARCK: Recht 1924, S. 318, a. M. ISAY: PatGes., 2. A., S. 440f.). — Dagegen ist auf Grund feststehender Praxis und einheitlicher Lehre eine dem § 31 BGB. entsprechende Haftung der

bei der Frage der Haftung der Gewerkschaften entstehenden Zweifel hier ununtersucht bleiben; ich darf hierfür auf meinen Aufsatz über „die außervertragliche Haftung der Berufsvereine für Streikschäden“[1]) Bezug nehmen.

In das Grundprinzip der gleichen Behandlung von Korporationen und Einzelpersonen in der Haftungsfrage hatte, jedenfalls theoretisch, die sogenannte „doctrine of ultra vires“ eine Bresche geschlagen, deren Hauptanwendungsgebiet allerdings auf dem Gebiet der Vertragshaftung liegt. Darnach sind Verträge einer Korporation, die nicht in ihren Geschäftsbereich fallen, nichtig (und zwar nicht wegen „illegilaty“, sondern wegen „incapacity“ der einen Partei, das konkrete Rechtsgeschäft abzuschließen). Besonders wichtig ist dies bei den Korporationen des Handels (trading corporations), die durch königlichen Brief (Royal Charter) geschaffen sind: diese sind in ihrem Geschäftsbereich durch die ausdrücklichen Bestimmungen der Charter beschränkt, die bestimmte Verträge als mit dem Gegenstand des Unternehmens unvereinbar ausschließen[2]).

Diese Grundsätze sind auch für das Gebiet der unerlaubten Handlungen übertragen worden. Das in England maßgebliche Erkenntnis ist hier eine Entscheidung aus dem Jahre 1867 i. S. POULTON v. The London and South Western Railway Co.[3]): Der Kläger hatte ein Pferd mit einem Zuge der beklagten Eisenbahngesellschaft transportieren lassen. Am Ankunftsort nahm ihn der Stationsvorsteher in der irrigen Ansicht fest, die Fracht sei nicht bezahlt worden. Der Kläger klagte auf Schadenersatz wegen widerrechtlicher Freiheitsberaubung.

Den englischen railway companies ist durch Parlamentsgesetz die Befugnis verliehen, Reisende, welche ihr Fahrgeld nicht entrichtet haben, festzunehmen. Dagegen sind sie durch das Gesetz nicht ermächtigt, auch wegen Hinterziehung von Transportgebühren Festnahmen zu bewirken. Eine Arretierung aus diesem Grunde ist daher nach der Ansicht des Gerichts unter allen Umständen eine „act ultra vires“, denn „die Gesellschaft konnte Befugnisse, welche sie selber nicht besaß, ihrem Bahnhofsvorsteher nicht verleihen.“ Wenn dies aber der Fall ist, so hatte die Korporation nicht für die Folgen einer solchen Handlung einzustehen. Der Kläger konnte sich lediglich an den Stationsvorsteher halten. Die Klage wurde deshalb abgewiesen. In ähn-

---

offenen Handelsgesellschaften für die unerlaubten Handlungen ihrer Gesellschafters anerkannt (vgl. DÜRINGER-HACHENBURG § 126, V., Anm. 16, STAUB: § 126, Anm. 4).

[1]) In KASKEL: Koalitionen und Koalitionskampfmittel. Berlin 1925. S. 192ff.

[2]) Vgl. zum Vorstehenden ANSON: Principles of the English Law of Contract usw. übersetzt von PROCHOWNIK: S. 85, 16; 86, 17; 196f. Berlin 1907.

[3]) Law Reports der Queen's Bench usw. S. 539ff.

licher Weise wendet der Chief Justice ERLE die doctrine of ultra vires in der Entscheidung British Mutual Building Company v. Charwood Railway Co. (1887)[1]) an: „Eine Klage gegen eine Korporation wegen einer unerlaubten Handlung ist nur dann gegeben, wenn einerseits die Tat innerhalb des Bereiches derjenigen Aufgaben und Zwecke begangen worden ist, für welche die Inkorporierung stattgefunden hat, und wenn andererseits die Tat in einer solchen Weise erfolgt ist, daß sie ein zivilrechtlich verfolgbares Delikt bilden würde, wenn der Täter eine natürliche Person wäre."

Diese Gedankengänge sind für unsere Untersuchung von Wichtigkeit. Die Korporationen stellen sich stets als größere Betriebe im Sinne unserer Betrachtung dar, und es hat nach den erwähnten Entscheidungen den Anschein, als wenn auch die anglo-amerikanische Praxis mittels der ultra vires-Doctrin, ähnlich wie die deutsche Rechtsprechung, zu einer bevorzugten Behandlung der größeren Betriebe in der Haftungsfrage gelangt.

Bei näherer Prüfung zeigt sich jedoch, daß eine unterschiedliche Behandlung der Korporationen und der übrigen Rechtsträger nach dem gegenwärtigen Stande der Rechtsprechung nicht besteht.

Es ist allerdings zweifellos, daß die ultra vires-Lehre bei strikter Durchführung in der Praxis, wie das 1867 im Fall POULTON v. The South Western Railway Co. geschehen ist, zu einer Bevorzugung der Korporationen führen müßte: es wäre dann nämlich bei der Haftungsfrage nicht nur zu prüfen, ob der widerrechtlich handelnde agent oder servant die Tat im Rahmen seiner Vollmacht und Anstellung verübt hat, sondern weiterhin, ob sie innerhalb der Grenzen des Statuts der Gesellschaft oder anderer gesetzlicher Einschränkungen ihres Geschäftsbereiches liegt. Die Haftung der Korporation müßte nach dieser Lehre bereits dann entfallen, wenn ihre Angestellten bei einem Vertrage oder Delikt der Gesellschaft tätig geworden sind, das für die Korporation „ultra vires" ist.

Zunächst ist dogmatisch von Wichtigkeit, daß das „ultra vires"-Prinzip in seiner Anwendung auf torts keine selbständige Bedeutung neben der für die Haftung des Geschäftsherrn entscheidenden Frage besitzt, ob der Schadenstifter im Rahmen seiner — ausdrücklich oder stillschweigend erteilten — Vollmacht bei der Schadenshandlung gewesen ist. Der Grund für die Abweisung der Klage im Fall POULTON v. London & S. W. Rlwy Co. liegt nämlich in Wirklichkeit nicht darin, daß der Bahnhofsvorsteher ein Delikt begangen hat, das für die Gesellschaft „ultra vires" war, das Gericht folgerte aus dieser Tatsache vielmehr nur, daß der Angestellte nicht auf Grund einer implied autho-

[1]) Zitiert nach SCHIRRMEISTER-PROCHOWNIK: I, 1 S. 86.

rity gehandelt haben konnte. Eine ausdrückliche Vollmacht bestand nicht; wäre eine solche nachweisbar gewesen, so hätte die ultra vires-Doctrin der Haftung der Korporation nicht entgegen gestanden[1]). Darnach kann die Anwendung des ultra vires-Prinzips auf torts nur eine Einschränkung des Begriffs der aus den Umständen zu entnehmenden Vollmacht (implied authority) zur Folge haben. In dieser Begrenzung würde sie allerdings eine leichtere Enthaftung der Korporationen bewirken.

Dieser Erfolg ist nicht eingetreten; die Rechtsprechung hat den in der Entscheidung POULTON v. London & S.W. Rly Co. gewiesenen Weg nicht befolgt, weil sie eingesehen hat, daß die unterschiedliche Behandlung der Korporationen und Einzelpersonen lediglich die Folge konstruktiver Erwägungen und ohne innere Begründung war. „There is", sagt SALMOND[2]), „no sufficient authority for any such exemption of corporations from the consequences of their disregard of the limits of their powers. It seams contrary to principle . . ." Aus dieser Erwägung heraus hat die Praxis, und zwar sind hier besonders amerikanische Entscheidungen maßgebend, das „ultra vires"-Prinzip in seiner Anwendbarkeit auf torts so eingeschränkt, daß eine Sonderstellung der Korporationen ausgeschlossen war[3]). So heißt es in Sachen Citizens Life Assur. Co. Limited v. BROWN (1905)[4]).

„. . . . it is difficult to see, why the ordinary doctrines of agency and of master and servant are not to be applied to corporations as well as to ordinary individuals."

Am klarsten kommt die Wendung in zwei Urteilen des Obersten Gerichtshofs der Vereinigten Staaten zum Ausdruck. Die Entscheidung The National Bank v. GRAHAM (1879) besagt:

„Corporations are liable for every wrong they commit, and in such cases the doctrine of ultra vires has no application . . . . An action may be maintained against a corporation for its malicious or negligent torts, however foreign they may be to the object of its creation or beyond its granted powers."

Und in dem Urteil i. S. Salt Lake City v. HOLLISTER (1885) heißt es: „The argument is unsound that whatever is done by a corporation in excess of the corporate powers as defined by its charter is as though it was not done at all . . . . ."

---

[1]) Vgl. SALMOND: a. a. O., S. 66. [2]) a. a. O., S. 65.

[3]) Ob sich die englische Praxis mit gleicher Entschiedenheit von dem ultra vires-Prinzip bei unerlaubten Handlungen abgewandt hat, konnte ich nicht mit Sicherheit feststellen. Die Möglichkeit besteht immerhin, daß die konservative englische Rechtsprechung noch in neueren Entscheidungen im Gegensatz zur amerikanischen an der alten Praxis festgehalten hat.

[4]) RICHARD: Cases on Private Corporations. S. 396. St. Paul 1912.

„The truth is that with the great increase of corporations in very recent times and in their extension to nearly all the business transactions of life, it has been found necessary to hold them responsible for acts not strictly within their corporate powers but done in their corporate name and by corporate officiers who were competent to exercise all the corporate powers....“[1], [2]).

Nach diesen Entscheidungen stellt sich die gegenwärtige Rechtslage wie folgt dar: begeht ein agent oder servant einer Korporation eine unerlaubte Handlung, so ist für die Frage, ob die Gesellschaft haftet, gleichgiltig, ob die Tat ultra oder intra vires für die Gesellschaft war, es kommt vielmehr nur darauf an, ob der Angestellte „within the scope of his authority or his employment“ gehandelt hat[3]).

„By the weight of authority a corporation is liable for torts arising from a business or act that is ultra vires[4]).“

Die ultra vires-Theorie in ihrer Anwendung auf unerlaubte Handlungen ist damit außer Geltung gesetzt. Bei folgerichtiger Durchführung würden nach ihr, da den Korporationen Rechte nur für gesetzmäßige Zwecke verliehen werden, jede von einem Angestellten innerhalb seiner Anstellung begangene unerlaubte Tat für die Korporation „ultra vires“[5]) und eine Haftung der Korporation in diesen Fällen von vornherein ausgeschlossen sein[6]), Theorie und Praxis haben deshalb die „ultra vires“ Theorie, als sie die aus ihrer Anwendung sich ergebenden unbefriedigenden Folgen erkannten, aufgegeben. Der gegenwärtige Rechtszustand wird am klarsten bei GARLAND—MC. GEHEE[7]) umrissen: „To-day corporations are held liable to the same extent and under the same circumstances for the consequences of their wrongful acts as natural persons.“ „It is no defense to an action of tort against a corporation, that the tort was committed while transacting a business without or beyond the purview of the corporate authority and purposes,

---

[1]) In dieser Entscheidung kommt das in der Untersuchung bereits mehrfach betonte evolutionistische Prinzip bei der Entwicklung des Verursachungsgedankens deutlich zum Ausdruck.

[2]) Weitere Entscheidungen bei SALMOND: a.a.O., S. 66 und bei GARLAND-MC. GEHEE: a. a. O., Bd. 28, S. 70, 2 vgl. noch bes. die E. South usw. Alabama R. Co. v. CHAPPEL: „It is not necessary to fix the liability that the wrongful act, or the negligence from which the injury proceeds, should have been committed while the corporation was in the exercise of the powers conferred by its charter. It may have been committed, while the corporation, or its servants or agents acting under its authority, were exceeding corporate power.“

[3]) Vgl. SALMOND: a. a. O. S. 67.

[4]) CHADMAN: a. a. O., Bd. 9, S. 84.

[5]) Vgl. GARLAND-MC GEHEE: a. a. O., Bd. 7, S. 824f., Bd. 29, S. 70.

[6]) So, konsequent, die ältere Praxis, wie oben ausgeführt.

[7]) a. a. O., Bd. 28, S. 70, 71.

if the corporation in any clear and explicit manner recognized the business as its own, as by employing agents to superintend it, or receiving the profits arising therefrom."

Im englisch-amerikanischen Recht hat somit die Praxis denselben eine unterschiedliche Behandlung der Groß- und Kleinbetriebe ausschließenden Rechtszustand geschaffen, wie er für den französischen Rechtskreis kraft Gesetzes besteht. Man mag über die Zweckmäßigkeit der unbeschränkbaren außervertraglichen Haftung des Geschäftsherrn in diesen Rechten verschiedener Ansicht sein. Die aus der rechtsvergleichenden Darstellung erwiesene Tatsache jedoch, daß im allgemeinen die ausländischen Rechte eine wachsende Tendenz zu einer schärferen Behandlung des Geschäftsherrn in der Haftungsfrage und damit zum Verursachungsprinzip hin aufweisen (und zwar, wie das schweizer Recht lehrt, auch da, wo die Möglichkeit eines Entlastungsbeweises besteht), darf auch für die hier vertretene Ansicht über die durch die Gestaltung der wirtschaftlichen Verhältnisse bedingte Entwicklung des deutschen Rechts in der Haftungsfrage verwertet werden.

Literaturverzeichnis.

I. Deutsches Recht.

BRANDIS: Das deutsche Seerecht. 1908.

BRODMANN: Die Haftung des Schuldners nach § 278 BGB. (Jh.Jb. 58, S. 187ff., 1910.)

BRÜCKNER: Die privatrechtliche Haftung für das Verhalten anderer usw., Recht 1901, S. 299.

CROME: System des Deutschen Bürgerlichen Rechts (1900, 1902).

DANZ: Auslegung der Rechtsgeschäfte, 3. A.

DEETZ: Der Haftungsgrund bei den unerlaubten Handlungen des BGB., GRUCHOT Beitr. Bd. 64, 164ff.

DÜRINGER-HACHENBURG: Das Handelsgesetzbuch, Bd. IV. 1914.

ECKSTEIN: Die Haftung für unerlaubte Handlungen des Repräsentanten. Arch. Ziv. Prax. 114, 114ff.

ENNECCERUS-KIPP-WOLFF: Lehrbuch des bürgerlichen Rechts, 15/17. A.

FEDER: Verantwortlichkeit für fremdes Verschulden nach dem BGB. (1902).

FISCHER, K.: Die nicht auf den Parteiwillen gegründete Zurechnung fremden Verschuldens. 1914.

FUCHS, ERNST: Die gesellschaftskundliche (soziologische) Rechtsgestaltung und die §§ 829, 831 BGB., R. u. W. 19, 171ff.

FRIEDRICHS: Schuldverhältnisse des öffentlichen Rechts und BGB.

GIERKE: Die Genossenschaftstheorie und die Deutsche Rechtsprechung (1887).

— Deutsches Privatrecht. 1895.

GOLDMANN-LILIENTHAL: BGB. 2. A. 1912.

GRÜNEBAUM: Probleme der Schadenshaftung. DJZ. 08. Sp. 321ff.

GÜTHE-TRIEBEL: GBO., 4. A. 1923.

HEINSHEIMER: Die Haftung des Schuldners für seine Erfüllungsgehilfen. Grünhuts Zeitschr. 1914, S. 115f.

ISAY: Patentgesetz. 2. A.

— Die Isolierung des deutschen Rechtsdenkens, Berlin 1924.

JÄGER: Konkursrecht. Berlin 1924.

JOVY: Der Begriff der Bestellung im § 831 BGB. Arch. bürg. R. 37, 78ff.

LION-LEVY: Streik, Aussperrung und Boykott nach geltendem Recht. N.Zeitschr. f. ArbR. 1921, 530ff.

MATAJA: Das Recht des Schadensersatzes vom Standpunkt der Nationalökonomie. 1888.

MERKEL: Die Kollision rechtmäßiger Interessen, die Schadensersatzpflicht bei rechtmäßigen Handlungen. 1895.

MEYER: Kritische Streifzüge in das Gebiet der unerlaubten Handlungen. Recht 1924, 277ff., 312ff.

MITTELSTEIN: Deutsches Binnenschiffahrtsrecht, 1903.

MOTIVE zu einem BGB. Berlin 1888.

MUGDAN: Materialien zum BGB. 1897ff.

MÜLLER-ERZBACH: Gefährdungshaftung und Gefahrtragung (Arch.Ziv.Pr. 106. S. 309ff.; 109, S. 1ff. 1910; 1912.
NÖLDEKE: Die außerkontraktliche Haftung für fremdes Verschulden nach den §§ 831, 832 BGB., Gruch. Bd. 41, 766ff.
OERTMANN: Recht der Schuldverhältnisse (3./4. Aufl. 1910).
— Zur Frage der Haftbarkeit der Berufsvereine. N.Zeitschr. f. ArbR. 1921, 295.
OSTWALD: Der Erfüllungsdiener. Berlin 1920.
PLANCK: Recht der Schuldverhältnisse (3. Aufl. 1907).
PLANCK-SIBER: Schuldverhältnisse, Allgemeiner Teil. 1914 (2. A.).
Reichsgerichtsräte, Kommentar zum BGB. 3. A. 1921.
ROSENTHAL: Der prima facie Beweis und das Schrifttum, JW. 1920, 1026.
RÜMELIN, MAX: Die Gründe der Schadenszurechnung und die Stellung des deutschen BGB. zur objektiven Schadensersatzpflicht. 1896.
SCHAPS-SEBLA-MITTELSTEIN: Deutsches Seerecht. 2. Aufl. 1921.
SELIGSOHN: Patentgesetz. 6. A.
SIBER: Die schuldrechtliche Vertragsfreiheit. Jh.Jb. 70, 259.
STAUB-PINNER: Kommentar zum HGB. 11. A. 1921.
STAUDINGER: Kommentar zum B 7./8. A., 9. A. 1925, Bd. 1, Lfg. 1.
TRÄGER: Der Kausalbegriff im Straf- und Zivilrecht. 1904.
v. TUHR: Allgemeiner Teil des deutschen Bürgerlichen Rechts. München 1910, 1914, 1918.
UBBELOHDE: Inwieweit haftet nach gemeinem Recht der Schuldner als solcher für diejenigen Personen, deren er sich zum Zwecke der Erfüllung seiner Verbindlichkeit bedient. (Zeitschr. f. Handelsrecht 7, S. 191ff. 1864.)
Verhandlungen des 17. und 18. Juristentages.
UNGER: Handeln auf eigene Gefahr. 2. A. 1893.
WARNEYER: Kommentar zum BGB. Tübingen 1923.
WEIGERT: Die außervertragliche Haftung der Berufsvereine für Streikschäden, in Kaskel, Koalitionen und Koalitionskampfmittel. Berlin 1925, S. 192ff.

II. Ausländisches Recht.

ANSON: Principles of the English Law of Contract etc. Berlin 1907.
Ausländische Gesetzgebung über Berufsvereine usw., 18. Sonderheft zum RABl., Berlin 1918.
BETTREMIEUX: Essai historique sur le fondement de la responsabilité, th. Lille 1921.
BJÖRLING: Lärobok i Civilrätt, Lund, 3. A. 1915.
v. BOJANOWSKI: Die Haftpflicht gewerblicher Unternehmer nach englischem Recht, Schriften des Vereins für Sozialpolitik. Bd. XIX (1880).
CHADMAN: Cyclopedia of Law. Chicago 1912.
CHARMONT: Les transformations du droit civil. Paris 1912.
Code civil japanais (Paris 1898).
COLIN-CAPITANT: Droit civil. 3. ed. Paris 1921.
DALLOZ: Dictionnaire de Droit. 7. ed.
— Recueil pèriodique.
— Code Civil, Paris 1925.
DAUSKE, LOW: Kong Christian den Femtis, Kopenhagen 1878.
DEMOGUE: Traité des obligations en général, I Sources des obligations Bd. I—IV. Paris 1923/1924.
DUGUIT: Les transformations générales du droit privé depuis le code Napoléon. Paris 1912.
EGGER, ESCHER, OSER, REICHEL: Kommentar zum Schweizer ZGB. Zürich 1915.

Entwurf eines ungarischen BGB. Budapest 1914.
ERSKINE: Principles of the Law of Scotland. Edinburgh, 20 ed.
FREUND: Das Zivilrecht Sowjetrußlands, Mannheim 1924.
GARLAND-MC. GEHEE: The American and English Encyclopedia of Law. 2. ed. Bd. 728. London 1904.
GODDARD: Cases on Principal and Agent. St. Paul 1914.
HEYMANN: Das ungarische Privatrecht und der Rechtsausgleich mit Ungarn. Tübingen 1917.
JOSSERAND: De la responsabilité du fait des choses inanimées. Paris 1897.
KADIJK: Über Haftpflichtgesetzgebung im Königreich der Niederlande. Schriften des Vereins für Sozialpolitik. Bd. 19 (1880).
v. KRASNOPOLSKI: Österreichisches Obligationenrecht. Leipzig 1910.
KUHN: Grundzüge des englisch-amerikanischen Privat- und Prozeßrechts. Zürich 1915.
LARSEN: Haandbog i Obligationsretten, Almindelig Del, Kopenhagen 1908.
LAURENT: Principes du droit civil. 5. ed. Paris 1898ff.
LEVY: Responsabilité et contrat. (Revue critique, 1899, 31ff.).
LYON-CAEN-RENAULT: Droit commercial. 4. ed. 1911.
MANRESE: Codigo Civil Espanol, Tomo XII. Madrid 1923.
v. MAYR: Lehrbuch des bürgerlichen Rechts. Reichenberg 1923.
PIC: Législation industrielle. Les lois ouvrières. Paris 1903.
MEWS: Digest of English Case Law. London 1922, 1924.
v. NORMANN: Das Vermögensrecht der Sowjetrepublik. Berlin 1923.
PLANIOL: Traité Elementaire du Droit civil. Paris 1921.
— Revue critique, 1905, 277ff., 1906, 89, Etudes sur la responsabilité civile.
POLLOCK: The law of Torts. 12. ed. London 1923.
— Principles of Contract. 9. ed. London 1921.
POTHIER: Oeuvres de, Bd. 1—17. Paris 1821/22.
v. RANDA: Die Schadensersatzpflicht nach österreichischem Recht. Wien 1907.
RICHARDS: Cases on Private corporations. St. Paul 1912.
SAINCTELETTE: De la responsabilité et de la garantie. Paris 1884.
SALEILLES: Essai d'une théorie générale de l'obligation d'après le projet de code civil allemand, Paris 1890.
— Etude sur la théorie générale de l'obligation. 3. ed. Paris 1914.
— Les accidents du travail et la responsabilité civile. Paris 1897.
SALMOND: The Law of Torts. London 1924.
SCHIRRMEISTER-PROCHOWNIK: Das Bürgerliche Recht Englands. Berlin 1906ff.
SCHÖNDORFF: Einführung in das slawische Recht. I. Bulgarien. Leipzig 1922.
TIMES The Law. London.
TESSEIRE: Essai d'une théorie générale sur le fondement de la responsabilité, th. de Aix 1902.
TRIANDAFIL: L'idée de faute et l'idée de risque comme fondement de la responsabilité. Paris 1914.
v. TUHR: Allgemeiner Teil des Schweizerischen Obligationenrechts I. Tübingen 1924.
WEIGERT: siehe unter I.
WÜSTENDÖRFER: The Hague Rules 1922, Übersee-Studien, Heft 2, 1923.
ZACHARIAE-CROME: Handbuch des französischen Zivilrechts (8. A. 1894).

GPSR Compliance

The European Union's (EU) General Product Safety Regulation (GPSR) is a set of rules that requires consumer products to be safe and our obligations to ensure this.

If you have any concerns about our products, you can contact us on ProductSafety@springernature.com

In case Publisher is established outside the EU, the EU authorized representative is:

Springer Nature Customer Service Center GmbH
Europaplatz 3
69115 Heidelberg, Germany

Batch number: 10844675

Printed by Printforce, the Netherlands